Dr. Oetker

Festliches Gebäck

Von der Apfelrolle bis zur Weihnachtstorte

Ceres Verlag
Rudolf August Oetker KG
Bielefeld

Titelfoto: Studio Büttner, Bielefeld

Titelgestaltung: Hans-Jürgen Geyer, Bielefeld

Gesamtherstellung: E. Gundlach KG, Bielefeld

5. Auflage

Printed in Germany

ISBN 3-7670-0028-8

VORWORT

Selberbacken – ein zu allen Zeiten mit besonderer Liebe
gepflegtes Betätigungsfeld der Hausfrau.

Ohne zu übertreiben, kann man wohl sagen, daß diese Art
von Beschäftigung, die zudem immer neue Freunde gewinnt,
zu den schönsten im Haushalt zählt.

So sind selbstgebackene Köstlichkeiten an Feiertagen wie
Ostern, Pfingsten oder Weihnachten genauso beliebt wie zu
Familienfestlichkeiten wie Geburtstag, Konfirmation oder
Kommunion

Dieses Buch nun enthält eine reiche Anzahl an Rezepten für
festliches Gebäck, an dem alle Gäste ihre wahre Freude
haben werden. Gebäcke, die ohne besondere Mühe herge-
stellt werden können.

Außerdem bietet das Buch mit seinen zahlreichen farbigen
Abbildungen viele gute Anregungen.

CERES-VERLAG

INHALTSÜBERSICHT

VERZEICHNIS DER FARBTAFELN

Weihnachtstorte

5 Eigelb
4 EßI. heißem Wasser
150 g Zucker
1 Päckchen Vanillin-Zucker
5 Eiweiß
100 g Weizenmehl
50 g Speisestärke,
z. B. Gustin
3 g (1 gestrichener Teel.)
Backpulver Backin
200 g gemahlenen
Haselnußkernen

Einen Biskuitteig bereiten aus:

den Teig in eine mit Papier ausgelegte Springform (Durchmesser etwa 26 cm) füllen, sofort backen

Gas: 3–4
Strom: 175–200
Backzeit: 25–40 Minuten

den Tortenboden am besten am nächsten Tag verwenden, die Füllung erst dann zubereiten

für die Füllung

50 g Rosinen waschen, gut abtropfen lassen, in
3 EßI. Rum einige Stunden einweichen
1 Päckchen Gelatine
gemahlen, weiß mit
4 EßI. kaltem Wasser anrühren, 10 Minuten zum Quellen stehenlassen, unter Rühren erwärmen, bis sie gelöst ist, kühl stellen
3 mittelgroße Äpfel schälen, vierteln, entkernen, raspeln
3 mittelgroße Apfelsinen schälen, in kleine Stücke schneiden
½ l Sahne fast steif schlagen, die lauwarme Gelatinelösung
50 g gesiebten Puderzucker
1 Päckchen
Vanillin-Zucker hinzufügen, die Sahne vollkommen steif schlagen
von der Schlagsahne gut 1 EßI. voll abnehmen, unter die restliche Schlagsahne die Rosinen mit dem Rum, Äpfel und Apfelsinen heben
den Tortenboden zweimal durchschneiden, den unteren Boden mit der Hälfte der Füllung bestreichen, den zweiten darauf legen, mit der restlichen Füllung bestreichen, mit dem dritten bedecken
den Rand der Torte mit der zurückgelassenen Schlagsahne bestreichen, mit

Schokoladenstreuseln
oder geschabter Schokolade bestreuen
für die obere Seite der Torte eine Papierschablone mit Weihnachtsmotiv schneiden, auflegen, mit
Puderzucker bestäuben, vorsichtig abheben.

Apfelsinen- und Weinbrandtörtchen
(Abb. S. 52)

Als Vorarbeiten 30 cm breite Alufolie so falzen, daß 6mal ein 15 cm langes Stück aufeinander liegt, zwei Kreise von jeweils 15 cm Durchmesser nebeneinander aufzeichnen, ausschneiden, so daß 12 runde Folienblätter entstehen, diese über den Boden einer Konservendose (Durchmesser etwa 7,5 cm) legen, so daß Förmchen mit einem gleichmäßig hohen Rand von etwa 3,5 cm Höhe entstehen

einen Biskuitteig bereiten aus:

2 Eigelb
3 EßI. warmem Wasser
100 g Zucker
1 Päckchen Vanillin-Zucker
75 g Weizenmehl
50 g Speisestärke,
z. B. Gustin
3 g (1 gestrichener Teel.)
Backpulver Backin
50 g abgezogene,
gemahlene Mandeln — zum Schluß unter den Teig ziehen
den Teig in die gut mit
Butter oder Margarine — gefetteten Folienförmchen verteilen

Gas: 3–4
Strom: 175– 200
Backzeit: Etwa 25 Minuten

sofort nach dem Backen die Törtchen aus den Förmchen lösen, erkalten lassen

für die **Apfelsinentörtchen**
den Rand von 6 Backförmchen bis auf etwa 1 cm abschneiden, je 1 Mandeltörtchen wieder hineinsetzen

zum Tränken der Törtchen
2 EßI. Wasser — mit
30 g Zucker — aufkochen
1 Apfelsine (ungespritzt) — mit heißem Wasser abwaschen, abtrocknen, mit den Ecken von
3 Stück Würfelzucker — die Apfelsinenschale abreiben, in dem heißen Zuckerwasser auflösen, nach dem Erkalten
⅛ Apfelsinensaft — und nach Belieben
2–3 EßI. Orangenlikör — hinzufügen, die Törtchen damit beträufeln (gut durchziehen lassen!)
⅜ I Sahne — ½ Minute schlagen
40–50 g Puderzucker — sieben, mit
1 Päckchen Sahnesteif — mischen, einstreuen, die Sahne steif schlagen
jedes Apfelsinentörtchen mit einem Sahnetuff verzieren

für die **Weinbrandtörtchen**
unter die restliche Schlagsahne
etwa 2 EßI. Weinbrand — ziehen

die restlichen Törtchen einmal durchschneiden, mit Weinbrandsahne füllen, Rand und obere Seite der Törtchen
mit Weinbrandsahne bestreichen, mit

etwa 75 g abgezogenen,
gemahlenen, gebräunten Mandeln   bestreuen, mit
Marzipanplättchen oder
kandierten Kirschen oder
Pralinen   garnieren.

Umgedrehte Apfeltorte

Den Boden einer Springform (Durchmesser etwa 26 cm)
mit Alufolie bedecken

für den Belag

30–50 g Butter   zerlassen, auf den Boden der Form geben
50 g Zucker   mit
½ gestrichenen Teel.
gemahlenem Zimt   mischen, gleichmäßig dünn so auf die Butter streuen, daß
ein Rand von etwa 1 cm frei bleibt

750 g Äpfel   schälen, das Kerngehäuse mit einem Apfelbohrer ausstechen, sie in etwa ½ cm dicke Ringe schneiden, die Zimt-
Zuckerschicht dicht mit Apfelringen belegen (Rand frei-
lassen!)

50–60 g Walnußkerne   halbieren, die Lücken damit ausfüllen, die restlichen Apfel-
ringe darüber verteilen

einen Rührteig bereiten aus:

100 g Butter oder Margarine
150 g Zucker
1 Päckchen Vanillin-Zucker
2 Eiern
10 Tropfen Backöl Zitrone
Salz
125 g Weizenmehl
75 g Speisestärke,
z. B. Gustin
6 g (2 gestrichene Teel.)
Backpulver Backin   den Teig gleichmäßig auf die Äpfel streichen

Gas: 3–4
Strom: 175–200
Backzeit: 40–50 Minuten

die Torte mit einem Messer vorsichtig vom Springformrand
lösen, auf einen Kuchenrost stürzen, die Folie abziehen,
erkalten lassen
aus

1 Päckchen
Tortenguß klar
50 g Zucker
¼ l Wasser   einen Guß nach der Vorschrift auf dem Tortenguß-Päckchen
zubereiten, gleichmäßig über die Äpfel verteilen, dazu den
Springformrand um die Torte legen, schließen.

Aranca-Ananastorte
(Abb. S. 72)

Einen Knetteig bereiten aus:

150 g Weizenmehl
40 g Zucker
1 Päckchen Vanillin-Zucker
100 g Butter oder Margarine

sollte der Teig kleben, ihn eine Zeitlang kalt stellen
den Teig auf dem Boden einer Springform (Durchmesser
etwa 26 cm) ausrollen, mehrmals mit einer Gabel einstechen

Gas: 5 Minuten vorheizen 3–4, backen 3–4
Strom: 200–225
Backzeit: Etwa 15 Minuten

sofort nach dem Backen den Boden vom Springformboden
lösen, aber erst, wenn er erkaltet ist, ihn auf eine Torten-
platte legen

einen Biskuitteig bereiten aus:

1 Ei
3 Eßl. warmem Wasser
75 g Zucker
1 Päckchen
Vanillin-Zucker
100 g Weizenmehl
3 g (1 gestrichener Teel.)
Backpulver Backin

den Teig in eine mit Papier ausgelegte Springform (Durchmesser etwa 26 cm) füllen, sofort backen

Gas: 3–4
Strom: 175–200
Backzeit: 20–25 Minuten

den Tortenboden gut auskühlen lassen

für die Füllung aus

1 Päckchen Dr. Oetker
Aranca Ananas-Geschmack
¹/₄ l Wasser von
Zimmertemperatur
¹/₈ l Sahne

nach der Vorschrift auf dem Päckchen eine Creme zubereiten, kalt stellen, damit sie etwas fester wird

100 g Vollmilch-Schokolade

im Wasserbad oder auf der Automatikplatte zu einer
geschmeidigen Masse verrühren, den Knetteigboden damit
bestreichen, den Biskuitboden darauf legen; zunächst mit

3 Eßl. Ananas-Konfitüre
2 gestrichene Teel.
Gelatine gemahlen, weiß
3 Eßl. kaltem Wasser

und dann mit der Creme bestreichen, kalt stellen

mit

anrühren, 10 Minuten zum Quellen stehenlassen, unter
Rühren erwärmen, bis sie gelöst ist, kühl stellen

³/₈ l Sahne
30 g gesiebten Puderzucker

fast steif schlagen, die lauwarme Gelatinelösung
hinzufügen, die Sahne vollkommen steif schlagen, bergartig
auf die Torte streichen, mit einem Messer Verzierungen in die
Sahne drücken

50 g Vollmilch-Schokolade

raspeln, den Rand und die Mitte der Torte damit bestreuen.

Quark-Sahnetorte mit Mandarinen   Rezept Seite 13
Joghurt-Sahnetorte   Rezept Seite 58

Stollen, einmal anders

	Einen Brandteig bereiten aus:
¼ l Wasser	
100 g Butter oder Margarine	
125 g Weizenmehl	
3 Eiern	
25 g Zucker	zuletzt unter den Teig rühren
	für den Rührteig
150 g Schweineschmalz	
50 g Rindertalg	zerlassen, kalt stellen
	in das erkaltete, wieder etwas fest gewordene Fett
100 g Zucker	
1 Päckchen	
Vanillin-Zucker	
Salz	geben, so lange rühren, bis Fett und Zucker weißschaumig geworden sind, **nach und nach**
1 Ei	
1 Eigelb	
4 Tropfen	
Backöl Bittermandel	
1 Fläschchen	
Rum-Aroma	
4 Tropfen	
Backöl Zitrone	
1 Messerspitze	
gemahlenen Kardamom	
1 Messerspitze	
gemahlene Muskatblüte	hinzufügen
400 g Weizenmehl	
1 Päckchen	
Backpulver Backin	mischen, sieben, knapp die Hälfte davon unter die Fett-Zuckermasse rühren, das restliche Mehl auf ein Backbrett (Tischplatte) geben, darauf den Rührteig und den Brandteig geben
125 g Korinthen	
125 g Rosinen	
	beide Zutaten waschen, gut abtropfen lassen
100 g Zitronat (Sukkade)	in kleine Würfel schneiden
100 g abgezogene,	
gehackte Mandeln	
	die Zutaten hinzufügen, alles schnell zu einem glatten Teig verkneten, sollte er kleben, noch
etwas Weizenmehl	darunter kneten
	den Teig zu einem Stollen formen, auf ein mit Alufolie belegtes Backblech legen, mit
1 Eiweiß	bestreichen
Gas:	2–3½
Strom:	vorheizen 250, backen 160–180
Backzeit:	50–60 Minuten
75–100 g Butter	zerlassen, sofort nach dem Backen den Stollen damit bestreichen, mit
Puderzucker	bestäuben.

Birnentorte mit Rotweincreme   Rezept Seite 22

Ischeler Bäckerei   Rezept Seite 73

Marimba-Apfeltorte

Einen Rührteig bereiten aus:

60 g Butter oder Margarine
60 g Zucker
1 Päckchen
Vanillin-Zucker
1 Ei
60 g Weizenmehl
1 Messerspitze
Backpulver Backin

Butter oder Margarine   die Teigmenge für 2 Böden einteilen, jeweils auf einem mit gefetteten Springformboden (Durchmesser etwa 26 cm) streichen, jeden Boden ohne Springformrand backen, bis er hellbraun ist

Gas:	5 Minuten vorheizen 3–4, backen 3–4
Strom:	175–200
Backzeit:	8–10 Minuten

sofort nach dem Backen die Böden vom Springformboden lösen, auf einem Kuchenrost erkalten lassen

einen Biskuitteig bereiten aus:

1 Ei
3 Eßl. warmem Wasser
75 g Zucker
1 Päckchen
Vanillin-Zucker
100 g Weizenmehl
3 g (1 gestrichener Teel.)
Backpulver Backin

den Teig in eine mit Papier ausgelegte Springform (Durchmesser etwa 26 cm) füllen, sofort backen

Gas:	3–4
Strom:	175–200
Backzeit:	20–25 Minuten

den Tortenboden gut auskühlen lassen

für die Füllung

3 gestrichene Teel.
Gelatine gemahlen, weiß   mit
5 Eßl. kaltem Wasser   anrühren, 10 Minuten zum Quellen stehenlassen
1 kg Äpfel   schälen, vierteln, entkernen, in sehr kleine Stücke schneiden
³/₈ l Wasser   erhitzen, die Äpfel hinzufügen, fast gar kochen lassen (dürfen nicht zerfallen!)
den Inhalt der beiden Beutel aus

1 Päckchen Dr. Oetker Marimba
Zitrone-Geschmack   (auch die in dem großen Beutel befindliche Gelatinekapsel mit dem natürlichen Zitronenöl)

75–100 g Zucker   mischen, mit
¹/₈ l kaltem Wasser   anrühren, unter Rühren in die kochenden, von der Kochstelle genommenen Äpfel geben, kurz aufkochen lassen, von der Kochstelle nehmen, die gequollene Gelatine hinzufügen, so lange rühren, bis sie gelöst ist

50 g abgezogene,	
gehackte Mandeln	
1 Messerspitze gemahlenen Zimt	hinzufügen, unterrühren, die Masse kalt stellen, ab und zu durchrühren
	einen der Rührteigböden auf eine Tortenplatte legen, mit
etwa 1 Eßl. Aprikosen-Konfitüre	bestreichen, den Biskuitboden darauf legen, den Springformrand um die Böden legen, schließen
	die Füllung gleichmäßig auf dem Biskuitboden verteilen, mit dem zweiten Rührteigboden bedecken, kalt stellen, damit die Füllung fest wird
	den Springformrand mit einem Messer vorsichtig von der Torte lösen, den Rand der Torte mit
etwa 2 Eßl. abgezogenen,	
gemahlenen, gebräunten	
Mandeln	bestreuen, die obere Seite mit
Puderzucker	bestäuben.

Quark-Sahnetorte
mit Mandarinen
(Abb. S. 9)

500 g Mandarinenspalten	
(aus der Dose)	abtropfen lassen, von dem Saft ½ l abmessen (evtl. mit Wasser ergänzen)
1 Biskuit-Tortenboden	auf eine Tortenplatte legen
	den Ring-Streifen aus
1 Packung Dr. Oetker Tortenhilfe	
für Quark-Sahne-Torte	um den Tortenboden legen
	den Mandarinensaft und die Tortenhilfe in eine Schüssel geben, mit einem elektrischen Handrührgerät mit Schneebesen auf höchster Stufe etwa 3 Minuten schlagen (von Hand mit Schneebesen etwa 5 Minuten), bis eine feinporige weiße Schaummasse entstanden ist
500 g mageren Speisequark	in etwa 4 Teilmengen nacheinander auf höchster Stufe kurz unter die Schaummasse schlagen
¼ l Sahne	½ Minute schlagen
1 Päckchen	
Vanillin-Zucker	
1 Päckchen	
Sahnesteif	mischen, einstreuen, die Sahne steif schlagen, 3 Eßl. davon in einen Spritzbeutel füllen, die restliche Schlagsahne auf niedrigster Stufe kurz unter die Quarkmasse schlagen, die Mandarinenspalten (12 Mandarinenspalten zum Garnieren zurücklassen) darunter heben
	die Creme auf den Tortenboden geben, gleichmäßig bis an den Ring-Streifen streichen, im Kühlschrank fest werden lassen
	nach 3 Stunden den Ring-Streifen mit Hilfe eines Messers lösen
	kurz vor dem Servieren die Torte schneiden, mit der Schlagsahne aus dem Spritzbeutel verzieren, mit den Mandarinenspalten garnieren.

Apfelsinen-Streuseltorte

250 g Weizenmehl
2 Päckchen
Vanillin-Zucker
5 EßI. dicker saurer Sahne
(möglichst einige Tage vorher
bei Zimmertemperatur
stehenlassen)
175 g Butter oder Margarine

Einen Knetteig bereiten aus:

sollte der Teig kleben, ihn eine Zeitlang kalt stellen
den Teig dünn ausrollen, nach einem Springformboden
(Durchmesser etwa 26 cm) 3 Böden ausrädern, auf Back-
bleche legen, mehrmals mit einer Gabel einstechen

für die Streusel

150 g Weizenmehl
75 g Zucker
1 Päckchen
Vanillin-Zucker
1 Messerspitze
gemahlenem Zimt
100 g Butter oder Margarine

in eine Rührschüssel sieben, mit

mischen
in Flöckchen dazugeben, alle Zutaten mit den Händen oder
mit 2 Gabeln zu Streuseln vermengen
die Böden gleichmäßig damit bedecken, die Bleche nach-
einander in den Backofen schieben

Gas: 5 Minuten vorheizen 3—4, backen 3—4
Strom: 200—225
Backzeit: Jeweils 10—15 Minuten

die Böden auf einem Kuchenrost erkalten lassen

für die Füllung
von

3 Apfelsinen
Schale und weiße Haut mit einem scharfen Messer entfernen, die Apfelsinen in kleine Stücke schneiden, abtropfen lassen

½ l Sahne   ½ Minute schlagen
75 g Puderzucker   sieben, mit
2 Päckchen
Sahnesteif   mischen, einstreuen, die Sahne steif schlagen
4 EßI. Apfelsinensaft
2 EßI. Zitronensaft   vorsichtig unterziehen
die Hälfte der Schlagsahne in einen Spritzbeutel füllen,
unter den Rest die Apfelsinenstückchen (einige zum Garnieren zurücklassen!) heben
auf den ersten Boden außen einen Ring von Schlagsahne
spritzen, die Mitte mit der Hälfte der Apfelsinensahne
bestreichen, den zweiten Boden darauf legen, wieder mit
Schlagsahne einen Ring entlang der Kante des Bodens
spritzen, die Mitte mit der restlichen Apfelsinensahne füllen,
glattstreichen
den dritten Boden in 12 gleichmäßige Stücke schneiden,
sorgfältig auf den mit Sahne bestrichenen Boden legen,
gut andrücken

14

	den obersten Boden mit
Puderzucker	bestäuben
	die Torte mit der Schlagsahne aus dem Spritzbeutel verzieren, mit den zurückgelassenen Apfelsinenstückchen garnieren.

Mandeltorte

8 Eigelb	nach und nach mit
250 g Zucker	
1 Päckchen	
Vanillin-Zucker	weißschaumig schlagen
8 Eiweiß	so steif schlagen, daß ein Messerschnitt sichtbar bleibt, auf die Eigelbcreme geben, zusammen mit
100 g gesiebtem Weizenmehl	
250 g abgezogenen,	
gemahlenen Mandeln	unterziehen (nicht rühren!) den Teig in eine mit Papier ausgelegte Springform (Durchmesser etwa 26 cm) füllen, sofort backen
Gas:	1½–3
Strom:	165–185
Backzeit:	Etwa 60 Minuten
	den Tortenboden gut auskühlen lassen
	für die Füllung
1 Päckchen Gelatine	
gemahlen, weiß	mit
3 Eßl. kaltem Wasser	anrühren, 10 Minuten zum Quellen stehenlassen
2 schwach gehäufte Teel.	
Kaffee-Extraktpulver	in
⅛ l heißem Wasser	auflösen, die gequollene Gelatine hinzufügen, so lange rühren, bis sie gelöst ist
25 Löffelbiskuits	zerkrümeln, in eine Rührschüssel geben, die Gelatinelösung hinzufügen
⅛ l Rum	
125 g Zucker	
1 Päckchen	
Vanillin-Zucker	
2 Eier	nach und nach unterrühren, kalt stellen, ab und zu durchrühren
250 g Butter oder Margarine	schaumig rühren, die Gebäckmasse eßlöffelweise darunter geben den Tortenboden zweimal durchschneiden, mit der Creme füllen, kalt stellen
150 g Schokolade	
etwas Kokosfett	im Wasserbad oder auf der Automatikplatte zu einer geschmeidigen Masse verrühren, die Torte damit überziehen, mit
abgezogenen, gehobelten, gebräunten Mandeln	garnieren.

Punschtorte

Für diese Torte 2 Biskuitböden (Durchmesser etwa 26 cm) zubereiten

Teig pro Biskuitboden:

3 Eigelb
3–4 EßI. warmes Wasser*
150 g Zucker
1 Päckchen
Vanillin-Zucker
3 Eiweiß
100 g Weizenmehl
100 g Speisestärke,
z. B. Gustin
9 g (3 gestrichene Teel.)
Backpulver Backin

* bei großen Eiern die kleinere
und bei kleinen Eiern die größere
Wassermenge nehmen

den Teig in eine mit Papier ausgelegte Springform (Durchmesser etwa 26 cm) füllen, sofort backen

Gas: 3–4
Strom: 175–200
Backzeit: 20–30 Minuten

auf diese Weise die 2 Biskuitböden zubereiten, gut auskühlen lassen

für die Füllung
einen der Biskuitböden zerkrümeln

1 Apfelsine (ungespritzt) mit heißem Wasser abwaschen, abtrocknen, mit den Ecken von

8 Stück Würfelzucker die Apfelsinenschale abreiben, mit
8 EßI. Apfelsinensaft
2–3 EßI. Zitronensaft
⅕ I (200 ccm) Rotwein
6 EßI. Rum
50 g in kleine Stücke
gebrochener Schokolade
(zartbitter)

erhitzen, sofort unter die Biskuitkrümel rühren
von dem zweiten Biskuitboden eine gut 1 cm dicke Platte abschneiden

200 g Johannisbeergelee glattrühren, den unteren Boden dünn mit einem Teil davon bestreichen, die Füllung darauf verteilen, ebenfalls dünn mit Johannisbeergelee bestreichen, die Platte darauf legen, gut andrücken
Rand und obere Seite der Torte dünn mit dem restlichen Johannisbeergelee bestreichen

200 g Marzipan-Rohmasse mit
125 g gesiebtem Puderzucker verkneten, etwa 2 mm dick auf
gesiebtem Puderzucker ausrollen, einen Streifen in der Höhe für den Tortenrand und eine Decke in der Größe der Torte daraus schneiden
den Streifen um die Torte legen, die Decke auf die Torte legen, beides fest andrücken
die Reste des Marzipans verkneten, etwa ½ cm dick ausrollen, mit einer Sternchenform ausstechen

100 g Puderzucker	sieben, mit
etwa 2 EBl. Malventee (zubereitet mit 1 Aufguß-Beutel und 4 EBl. kochendheißem Wasser)	glattrühren, so daß eine dickflüssige Masse entsteht, die Torte damit überziehen sobald der Guß etwas fest geworden ist, die Torte mit den Sternchen garnieren.

Gefüllter Honigkranz
(Abb. S. 40)

250 g Bienenhonig 150 g Butter oder Margarine 1 Päckchen Vanillin-Zucker	langsam erwärmen, zerlassen, in eine Rührschüssel geben, kalt stellen unter die fast erkaltete Masse nach und nach
2 Eier 3 EBl. Aprikosen-Konfitüre 2 gestrichene Teel. gemahlenen Zimt 1 Messerspitze gemahlene Nelken 1 Messerspitze gemahlenen Kardamom 2 Tropfen Backöl Bittermandel 1 Fläschchen Rum-Aroma 375 g Weizenmehl 12 g (4 gestrichene Teel.) Backpulver Backin 20 g Kakao	rühren den Teig in eine mit
Butter oder Margarine	gefettete Kranz-Form (Durchmesser etwa 24 cm) füllen
Gas:	2½ –3½
Strom:	175–200
Backzeit:	Etwa 40 Minuten
	das Gebäck gut auskühlen lassen
	für die Füllung
250 g Kokosfett	zerlassen, abkühlen lassen
100 g Puderzucker	mit
60 g Kakao	in eine Rührschüssel sieben
2 EBl. Rum 2 Eier	hinzufügen und nach und nach das Kokosfett unterrühren, kalt stellen, damit die Masse fester wird das Gebäck zweimal durchschneiden, jede Lage mit
etwas Aprikosen-Konfitüre	und Creme bestreichen, zusammensetzen, den Kranz mit Creme bestreichen, mit
150 g abgezogenen, gehackten, gebräunten Mandeln	bestreuen.

Zimtkuchen

Einen Rührteig bereiten aus:

250 g Butter oder Margarine
250 g Zucker
1 Päckchen
Vanillin-Zucker
4 Eiern
4 Tropfen
Backöl Zitrone
15 g gemahlenem Zimt
250 g Weizenmehl
9 g (3 gestrichene Teel.)
Backpulver Backin

125 g Korinthen
125 g Rosinen

die beiden Zutaten waschen, gut abtropfen lassen, mit
125 g gemahlenen Mandeln   zuletzt unter den Teig heben, ihn in eine mit
Butter oder Margarine   gefettete Napfkuchenform füllen

Gas:	1½ −3
Strom:	165−175
Backzeit:	70−80 Minuten.

Früchtekuchen

Einen Rührteig bereiten aus:

250 g Butter oder Margarine
175 g Zucker
1 Päckchen Vanillin-Zucker
4 Eiern
4 Tropfen
Backöl Zitrone
300 g Weizenmehl
3 g (1 gestrichener Teel.)
Backpulver Backin

75 g Haselnußkerne   hacken
75 g Korinthen
75 g Rosinen

die beiden Zutaten waschen, gut abtropfen lassen

100 g kandierte Früchte
75 g Zitronat (Sukkade)
75 g Orangeat

die drei Zutaten in Würfel schneiden

50 g abgezogene,
gemahlene Mandeln

alle Zutaten mischen, zuletzt unter den Teig heben, ihn in
eine mit
Butter oder Margarine   gefettete, mit Papier ausgelegte Kastenform füllen

Gas:	1½ −3
Strom:	165−185
Backzeit:	65−85 Minuten.

Wiener Kolatschen   Rezept Seite 34
Granatsplitter   Rezept Seite 69
Kokoshäufchen   Rezept Seite 68
Punschherzen   Rezept Seite 32

Gewürzkuchen
(Abb. S. 40)

Einen Rührteig bereiten aus:

175 g Butter oder Margarine
225 g Zucker
1 Päckchen
Vanillin-Zucker
4 Eiern
Salz
½ gestrichenen Teel.
gemahlenen Nelken
1 Messerspitze
geriebener Muskatnuß
1 gestrichenen Teel.
gemahlenem Zimt
300 g Weizenmehl
1 Päckchen Dr. Oetker Gala-
Pudding-Pulver für
Schokoladen-Pudding
12 g (4 gestrichene Teel.)
Backpulver Backin

100 g Schokolade reiben, zuletzt unter den Teig heben, er muß ziemlich fest sein, falls erforderlich noch
1–2 Eßl. Milch unterrühren
den Teig in eine mit
Butter oder Margarine gefettete Kranz-Form (Durchmesser etwa 24 cm) füllen

Gas: 2½ –3½
Strom: 175–200
Backzeit: 50–60 Minuten

den erkalteten Kuchen mit
Puderzucker bestäuben.

Rum-Sahnetorte
(Abb. S. 30)

Einen Biskuitteig bereiten aus:

3 Eigelb
3–4 Eßl. warmem Wasser*
125 g Zucker
1 Päckchen Vanillin-Zucker
3 Eiweiß
75 g Weizenmehl
75 g Speisestärke,
z. B. Gustin
15 g Kakao
6 g (2 gestrichene Teel.)
Backpulver Backin

* bei großen Eiern die kleinere
und bei kleinen Eiern die größere
Wassermenge nehmen

(Fortsetzung nächste Seite)

Vronis Sahnering   Rezept Seite 24
Streuselplätzchen   Rezept Seite 66

75 g Butter oder Margarine	zerlassen, abgekühlt vorsichtig hinzufügen
	den Teig in eine mit Papier ausgelegte Springform (Durchmesser etwa 26 cm) füllen, sofort backen
Gas:	3—4
Strom:	175—200
Backzeit:	20—30 Minuten
	den Tortenboden gut auskühlen lassen
	für die Füllung
½ l Sahne	½ Minute schlagen
50 g Puderzucker	sieben, mit
1 Päckchen	
Sahnesteif	mischen, einstreuen, die Sahne steif schlagen
4 Eßl. Rum	vorsichtig unterziehen
	den Tortenboden zweimal durchschneiden, den unteren Boden mit gut ⅓ der Rumsahne bestreichen, den zweiten darauf legen, mit der Hälfte der restlichen Rumsahne bestreichen, mit dem dritten bedecken
	Rand und obere Seite der Torte gleichmäßig mit der restlichen Rumsahne bestreichen, die obere Seite mit
roten Kirschen	
Schokoladentäfelchen	garnieren.

Birnentorte mit Rotweincreme
(Abb. S. 10)

	Einen Knetteig bereiten aus:
250 g Weizenmehl	
75 g Zucker	
1 Päckchen	
Vanillin-Zucker	
150 g Butter oder Margarine	
	sollte der Teig kleben, ihn eine Zeitlang kalt stellen
	gut ⅔ des Teiges auf dem Boden einer Springform (Durchmesser etwa 26 cm) ausrollen, unter den Rest des Teiges
1 gestrichenen Eßl. Weizenmehl	kneten, zu einer Rolle formen, sie als Rand auf den Boden legen, so an die Form drücken, daß der Rand knapp 3 cm hoch wird, den Teigboden mehrmals mit einer Gabel einstechen
Gas:	5 Minuten vorheizen 3—4, backen 3—4
Strom:	200—225
Backzeit:	Etwa 20 Minuten
	sofort nach dem Backen den Boden vom Springformboden lösen, aber erst, wenn er erkaltet ist, ihn auf eine Tortenplatte legen
	für den Belag
etwa 500 g Birnen (aus der Dose)	abtropfen lassen, in Scheiben schneiden, auf den Tortenboden legen

	den Inhalt aus
1 Päckchen	
Dr. Oetker Rotweincreme	und
5 Eßl. Wasser von	
Zimmertemperatur	nach der Vorschrift auf dem Päckchen schlagen
¼ l Sahne	½ Minute schlagen
25 g Zucker	
1 Päckchen	
Sahnesteif	mischen, einstreuen, die Sahne steif schlagen, die Hälfte davon in einen Spritzbeutel füllen, die restliche Schlagsahne gleichmäßig unter die Rotweinmasse rühren, auf die Birnen geben, glattstreichen
	die Torte mit der Schlagsahne aus dem Spritzbeutel verzieren, mit
geraspelter Schokolade	garnieren.

Streifentorte

	Einen Rührteig bereiten aus:
350 g Butter oder Margarine	
350 g Zucker	
1 Päckchen	
Vanillin-Zucker	
7 mittelgroßen Eiern	
½ Fläschchen	
Rum-Aroma	
175 g Weizenmehl	
175 g Speisestärke,	
z. B. Gustin	
1 Messerspitze	
Backpulver Backin	
Butter oder Margarine	die Teigmenge für 12 Böden einteilen, jeweils auf einen mit gefetteten Springformboden (Durchmesser etwa 26 cm) streichen, jeden Boden ohne Springformrand backen, bis er hellbraun ist

Gas:	5 Minuten vorheizen 3–4, backen 3–4
Strom:	175–200
Backzeit für jeden Boden:	Etwa 8 Minuten

sofort nach dem Backen die Böden vom Springformboden lösen, auf einem Kuchenrost erkalten lassen

für die Füllung

500 g rotes Johannisbeergelee oder Ananas-Konfitüre	durch ein Sieb streichen, die Böden damit bestreichen, zu einer Torte zusammensetzen, die oberste Schicht muß ein Boden sein

die Torte schmeckt am besten, wenn sie gut durchgezogen ist (in Alufolie aufbewahren)

die Torte kurz vor dem Verzehr in schmale Streifen schneiden.

Vronis Sahnering
(Abb. S. 20)

Einen Brandteig bereiten aus:

¹/₈ l Wasser
30 g Butter oder Margarine
Salz
75 g Weizenmehl
20 g Speisestärke,
z. B. Gustin
2–3 Eiern
1¹/₂ g (¹/₂ gestrichener Teel.)
Backpulver Backin

den Teig in einen Spritzbeutel (weite Tülle) füllen, einen Ring (Durchmesser etwa 20 cm) auf ein mit

Butter oder Margarine gefettetes, mit
Weizenmehl bestäubtes Backblech spritzen

Gas:	5 Minuten vorheizen 4–5, backen 4–5
Strom:	200–225
Backzeit:	Etwa 30 Minuten

während der ersten 15 Minuten Backzeit nicht in den Ofen sehen, da das Gebäck sonst zusammenfällt
sofort nach dem Backen den Ring aufschneiden

für die Füllung

2 gestrichene Teel.
Gelatine gemahlen, weiß mit
2 Eßl. kaltem Wasser anrühren, 10 Minuten zum Quellen stehenlassen
1 Zitrone (ungespritzt) mit heißem Wasser abwaschen, abtrocknen, mit den Ecken von
3 Stück Würfelzucker die Zitronenschale abreiben
die gequollene Gelatine mit dem Würfelzucker unter Rühren erwärmen, bis alles gelöst ist
Zitronensaft 1 Zitrone hinzufügen
¹/₂ l Sahne fast steif schlagen, die lauwarme Gelatinelösung,
75–100 g gesiebten Puderzucker hinzufügen, die Sahne vollkommen steif schlagen
die Schlagsahne in den Ring spritzen, den Deckel darauf legen, leicht mit
Puderzucker bestäuben.

Makronenkuchen

Einen Rührteig bereiten aus:

200 g Butter oder Margarine
175 g Zucker
1 Päckchen
Vanillin-Zucker
2 Eiern
2 Eigelb
Salz
200 g Weizenmehl
50 g Speisestärke, z. B. Gustin
3 g (1 gestrichener Teel.)
Backpulver Backin

den Teig in eine mit

Butter oder Margarine	gefettete, mit Papier ausgelegte Kastenform füllen, in die Mitte des Teiges der Länge nach mit einem Löffel eine Vertiefung etwa 4 cm tief und 4 cm breit eindrücken
	für die Makronenmasse
2 Eiweiß	so steif schlagen, daß ein Messerschnitt sichtbar bleibt darunter nach und nach eßlöffelweise
100 g Zucker	schlagen
3 Tropfen Backöl Bittermandel	hinzufügen
175 g gemahlene Mandeln	vorsichtig unterheben, die Makronenmasse in die Teig-vertiefung füllen

Gas:	1½ −3
Strom:	165−185
Backzeit:	60−80 Minuten.

Apfelkuchen auf dem Blech

500 g Weizenmehl	in eine Schüssel sieben, mit
1 Päckchen Dr. Oetker Hefe	sorgfältig vermischen
125 g Zucker	
1 Päckchen Vanillin-Zucker	
Salz	
200 g zerlassene Butter oder Margarine	
3 Eier	
1/8 l lauwarme Milch	hinzufügen, alles mit einem Handrührgerät mit Knethaken zuerst auf der niedrigsten, dann auf der höchsten Stufe in etwa 5 Minuten zu einem Teig verarbeiten
	den Teig an einem warmen Ort so lange stehenlassen, bis er etwa doppelt so hoch ist, ihn dann mit einem Handrühr-gerät auf der höchsten Stufe nochmals gut durchkneten
500 g Äpfel	schälen, vierteln, entkernen, in dünne Scheiben schneiden
75 g Rosinen	waschen, gut abtropfen lassen
1 Messerspitze gemahlener Zimt	
	die Zutaten mischen, zuletzt unter den Teig rühren
	den Teig auf ein mit
Butter oder Margarine	gefettetes Backblech geben, glattstreichen, vor den Teig ein mehrfach umgekniffetes Stück Alufolie legen
	den Teig an einem warmen Ort nochmals so lange stehen-lassen, bis er etwa um 1/3 höher ist, ihn erst dann in den Backofen schieben

Gas:	3−4
Strom:	175−200
Backzeit:	Etwa 20 Minuten

Puderzucker	den ausgekühlten Kuchen mit bestäuben.

Knusper-Häuschen
(Abb. S. 29)
(Honigkuchen für Wände,
Dach und Bodenfläche)

100 g Bienenhonig
50 g Zucker
Salz
25 g Butter oder Margarine

1 Ei
½ Teel. gemahlenen Zimt
2 Tropfen
Backöl Bittermandel
250 g Weizenmehl
9 g (3 gestrichene Teel.)
Backpulver Backin

etwas Weizenmehl

Butter oder Margarine

Gas:
Strom:
Backzeit:

175 g Puderzucker
1 Eiweiß

bunten Zuckersachen

Schokoladenplätzchen
4 Schokoladenriegel
(farbig eingepackt)

Watte

Haselnußkernen

Zuckerstäbchen
Goldkordel
Märchenfiguren
Kokosraspeln
Puderzucker

Vorarbeiten s. nebenstehend

langsam erwärmen, zerlassen, in eine Rührschüssel geben, kalt stellen, unter die fast erkaltete Masse

rühren

mischen, sieben, nach und nach eßlöffelweise ⅔ davon unterrühren, den Rest des Mehls darunter kneten sollte der Teig kleben, noch hinzufügen den Teig auf einem mit gefetteten Backblech (32 x 40 cm) ausrollen

5 Minuten vorheizen 3–4, backen 3–4
175–200
10–20 Minuten

sofort nach dem Backen aus der Honigkuchenplatte mit einem spitzen Messer zweimal die tatsächlich sichtbaren Flächen der einzelnen (4) Hauswände (Papiermuster I, dabei die zum Zusammenkleben angegebenen Teile nicht berücksichtigen), das Dach (Papiermuster II) in 2 Hälften und die Bodenfläche (20 x 32 cm) schneiden
sieben, mit
glattrühren, so daß eine dickflüssige Masse entsteht (nach Bedarf nochmals die gleiche Menge anrühren, da auch alle Süßigkeiten mit Eiweißguß angeklebt werden)
für die Wände die Gebäckteile auf die bereits zusammengeklebten Kartonwände kleben, diese dann mit Eiweißguß auf der Bodenfläche befestigen, nach Belieben mit
garnieren
die zwei Honigkuchenplatten für das Dach auf den in der Mitte geknifften Karton kleben, danach mit garnieren, das Dach auf dem Haus ankleben

zusammenkleben, als Kamin auf dem Dach anbringen den Rauch aus
herstellen
die Kanten des Dachs mit
bekleben, mit Eiszapfen aus Guß versehen
für den Zaun
in Abständen ankleben, evtl. mit einer verbinden, nach Belieben die hineinstellen, alles leicht mit bestreuen, mit
bestäuben.

26

Vorarbeiten für das Knusper-Häuschen (Maßstab 1:2)

Für die Bodenfläche Karton in der Größe von 20 x 32 cm schneiden.
Entsprechend den untenstehenden Zeichnungen Muster aus Papier in der tatsächlichen Größe schneiden und danach auf Karton übertragen.

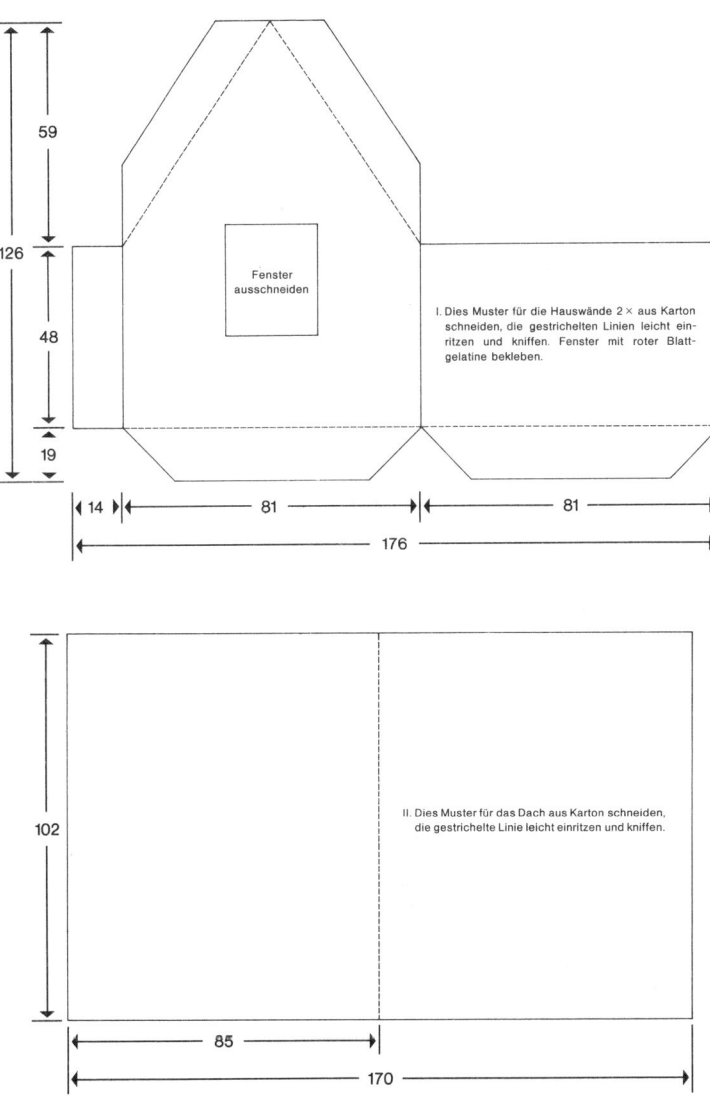

59

126

48

19

Fenster
ausschneiden

I. Dies Muster für die Hauswände 2 × aus Karton schneiden, die gestrichelten Linien leicht einritzen und kniffen. Fenster mit roter Blattgelatine bekleben.

14

81

81

176

102

II. Dies Muster für das Dach aus Karton schneiden, die gestrichelte Linie leicht einritzen und kniffen.

85

170

27

Vanillekipferl (Hörnchen)
(Eigelbverwendung)

Einen Knetteig bereiten aus:

250 g Weizenmehl
1 Messerspitze
Backpulver Backin
125 g Zucker
3 Eigelb
200 g Butter oder Margarine
125 g abgezogenen,
gemahlenen Mandeln

sollte der Teig kleben, ihn eine Zeitlang kalt stellen
aus dem Teig daumendicke Rollen formen, gut 2 cm lange
Stücke davon abschneiden, diese zu etwa 5 cm langen Rollen,
die an den Enden etwas dünner sind als in der Mitte, formen,
als Hörnchen auf ein Backblech legen

Gas: 5 Minuten vorheizen 3−4, backen 3−4
Strom: 175−200
Backzeit: Etwa 10 Minuten

50 g Puderzucker sieben, mit
1 Päckchen
Vanillin-Zucker mischen, die noch heißen Hörnchen darin wälzen.

Mandelsterne
(Eigelbverwendung)

Einen Knetteig bereiten aus:

250 g Weizenmehl
150 g Zucker
2 Päckchen
Vanillin-Zucker
Salz
1 Messerspitze gemahlenem Zimt
2 Eigelb
200 g Butter (evtl. Margarine)
70 g abgezogenen,
gemahlenen Mandeln

sollte der Teig kleben, ihn eine Zeitlang kalt stellen
den Teig in kleinen Portionen etwa 3 mm dick ausrollen,
kleine Sterne ausstechen, auf ein Backblech legen

1 Eigelb
1 EßI. Milch verquirlen, die Teigplätzchen damit bestreichen, von
75 g abgezogenen,
halbierten Mandeln jedes Teigplätzchen mit einer Mandelhälfte belegen

Gas: 5 Minuten vorheizen 3−4, backen 3−4
Strom: 175−200
Backzeit: Etwa 10 Minuten.

Knusper-Häuschen Rezept Seite 26

Zedernbrot
(Eiweißverwendung)

3 Eiweiß	so steif schlagen, daß ein Messerschnitt sichtbar bleibt
375 g Puderzucker	
1 Päckchen Vanillin-Zucker	mischen, sieben, eßlöffelweise unterschlagen
2 Tropfen Backöl Bittermandel	
1 EßI. Zitronensaft abgeriebene Schale ½ Zitrone (ungespritzt)	und gut die Hälfte von
etwa 375 g abgezogenen, gemahlenen Mandeln	hinzufügen, unterrühren

von dem Rest der gemahlenen Mandeln so viel darunter
kneten, daß der Teig kaum noch klebt, ihn auf einem mit

abgezogenen, gemahlenen Mandeln oder gesiebtem Puderzucker	bestreuten Backbrett (Tischplatte) gut ½ cm dick ausrollen, Halbmonde ausstechen, auf ein mit Alufolie belegtes Backblech legen

Gas: 1−1½
Strom: 130−150
Backzeit: 30−45 Minuten

150 g Puderzucker	sieben, mit
3−4 EßI. Zitronensaft	glattrühren, so daß eine dickflüssige Masse entsteht die erkalteten Plätzchen mit dem Guß bestreichen.

Spitzbuben

	Einen Knetteig bereiten aus:
375 g Weizenmehl	
3 g (1 gestrichener Teel.) Backpulver Backin	
200 g Zucker	
1 Päckchen Vanillin-Zucker	
250 g Butter oder Margarine	
125 g abgezogenen, gemahlenen Mandeln	

sollte der Teig kleben, ihn eine Zeitlang kalt stellen
den Teig dünn ausrollen, mit einer runden Form (Durchmesser etwa 4 cm) ausstechen, auf ein mit

Butter oder Margarine	gefettetes Backblech legen

Gas: 5 Minuten vorheizen 3−4, backen 3−4
Strom: 175−200
Backzeit: Etwa 10 Minuten

125 g Johannisbeergelee	die gebackenen Plätzchen erkalten lassen, in 2 Hälften teilen durch ein Sieb streichen, die Hälfte der Plätzchen auf der Unterseite damit bestreichen, die übrigen darauf legen, gut andrücken.

Rum-Sahnetorte   Rezept Seite 22

Punschherzen

(Abb. S. 19)

150 g Weizenmehl
3 g (1 gestrichener Teel.)
Backpulver Backin
75 g Zucker
1 Päckchen
Vanillin-Zucker
1 Ei
1 Eigelb
75 g Butter oder Margarine
50 g abgezogenen,
gemahlenen Mandeln

Einen Knetteig bereiten aus:

sollte der Teig kleben, ihn eine Zeitlang kalt stellen
den Teig dünn ausrollen, Herzen ausstechen, auf ein Backblech legen

Gas: 5 Minuten vorheizen 3–4, backen 3–4
Strom: 175–200
Backzeit: Etwa 10 Minuten

125 g Puderzucker
1 Eiweiß
5 Tropfen
Backöl Zitrone
einigen Tropfen Wasser

sieben, mit

glattrühren, so daß eine dickflüssige Masse entsteht
die erkalteten Plätzchen mit dem Guß bestreichen, nach
Belieben mit

Buntzucker

bestreuen.

Kokosplätzchen

250 g Weizenmehl
1½ g (½ gestrichener Teel.)
Backpulver Backin
250 g Zucker
1 Päckchen
Vanillin-Zucker
5 Tropfen
Backöl Bittermandel
1 Ei
250 g Butter (evtl. Margarine)
250 g Kokosraspeln

Einen Knetteig bereiten aus:

sollte der Teig kleben, ihn eine Zeitlang kalt stellen
den Teig dünn ausrollen, mit einer runden Form (Durchmesser etwa 4 cm) ausstechen, auf ein Backblech legen

Gas: 5 Minuten vorheizen 3–4, backen 3–4
Strom: 175–200
Backzeit: Etwa 10 Minuten.

Eiserkuchen
(Abb. S. 71)

65 g Butter oder Margarine	schaumig rühren, nach und nach etwas von
250 g Zucker	unterrühren
1 Päckchen Vanillin-Zucker	
2 Eier	und den Rest des Zuckers hinzufügen
250 g Weizenmehl	sieben, abwechselnd mit
knapp ⅜ l Wasser	unterrühren (Teig muß ziemlich dünn sein)

den Teig in nicht zu großen Mengen in ein gut erhitztes, gefettetes Eiserkucheneisen füllen, von beiden Seiten goldbraun backen
die Blättchen schnell aus dem Eisen lösen, noch heiß zu Röllchen oder Tüten wickeln
damit die Eiserkuchen knusprig bleiben, sie in gut schließenden Blechdosen aufbewahren.

Beigabe oder Füllung:
Schlagsahne, zubereitet mit Sahnesteif

Sahneplätzchen

Einen Knetteig bereiten aus:

250 g Weizenmehl
1 Messerspitze Backpulver Backin
100 g Zucker
1 Päckchen Vanillin-Zucker
1 Eigelb
175 g Butter oder Margarine

sollte der Teig kleben, ihn eine Zeitlang kalt stellen
den Teig etwa 3 mm dick ausrollen, mit einer runden Form (Durchmesser etwa 6 cm) ausstechen, auf ein Backblech legen

1 Eiweiß	mit
1 Teel. Wasser	verquirlen, die Hälfte der Teigplätzchen dünn damit bestreichen, mit
Hagelzucker	bestreuen

Gas:	5 Minuten vorheizen 3–4, backen 3–4
Strom:	175–200
Backzeit:	Etwa 10 Minuten

für die Füllung

¼ l Sahne	½ Minute schlagen
1 Päckchen Sahnesteif	
etwa 1 Eßl. Zucker	
etwas Vanillin-Zucker	mischen, einstreuen, die Sahne steif schlagen

den Rand der nicht mit Hagelzucker bestreuten Plätzchen mit Schlagsahne besprützen, in die Mitte

etwas Sauerkirschkompott
(angedickt mit Speisestärke,
z. B. Gustin)

füllen, darauf je ein mit Hagelzucker bestreutes Plätzchen legen.

Wiener Kolatschen
(Abb. S. 19)

125 g Butter oder Margarine
100 g Zucker
1 Päckchen Vanillin-Zucker
1 Ei
1 Eigelb
2 Tropfen
Backöl Zitrone
250 g Weizenmehl
9 g (3 gestrichene Teel.)
Backpulver Backin

Butter oder Margarine
Weizenmehl

1 Eiweiß
1 Teel. Zucker
50 g Zitronat (Sukkade)
70 g Korinthen
50 g abgezogene,
gehackte Mandeln

Einen Rührteig bereiten aus:

von dem Teig walnußgroße Teighäufchen auf ein mit
gefettetes, mit
bestäubtes Backblech setzen
mit
verschlagen, die Teighäufchen damit bestreichen
in feine Würfel schneiden
waschen, gut abtropfen lassen

die Zutaten mischen, die Teighäufchen hineindrücken, wieder
auf das Backblech setzen

Gas:	5 Minuten vorheizen 3–4, backen 3–4
Strom:	175–200
Backzeit:	Etwa 15 Minuten.

Liegnitzer
(24 Stück)

Falls keine Backringe vorhanden sind, lassen sich Backförmchen für „Liegnitzer" auf einfache Weise herstellen:
Alufolie so legen, daß 12x ein 15 cm langes Stück Folie
aufeinander liegt, auf das oberste Stück Folie 2 Kreise von
jeweils 15 cm Durchmesser nebeneinander aufzeichnen, so
ausschneiden, daß 24 runde Folienblätter entstehen, diese
Folienblätter einzeln mit der blanken Seite auf den Boden
eines umgedrehten Bechers (z. B. Joghurtbecher) legen, die
überstehende Folie fest andrücken, so daß Förmchen mit
einem gleichmäßig hohen Rand entstehen.

200 g Bienenhonig
125 g Zucker
65 g Butter oder Margarine

2 Eßl. Milch
2 Eier
¼ Fläschchen
Backöl Zitrone
etwas gemahlenen Kardamom
½ gestrichenen Teel.
gemahlene Nelken
1 schwach gehäuften Teel.
gemahlenen Zimt

langsam erwärmen, zerlassen, in eine Rührschüssel geben,
kalt stellen, unter die fast erkaltete Masse

rühren

250 g Weizenmehl *25 g Kakao* *9 g (3 gestrichene Teel.)* *Backpulver Backin*	mischen, sieben, eßlöffelweise unterrühren
65 g Korinthen	waschen, gut abtropfen lassen
65 g Zitronat (Sukkade)	in feine Würfel schneiden,
65 g abgezogene, *gehackte Mandeln*	
	die Zutaten zuletzt unter den Teig heben, ihn eßlöffelweise in die mit
Butter oder Margarine	gefetteten Folienförmchen verteilen

Gas: 3–4
Strom: 175–200
Backzeit: 20–25 Minuten

sofort nach dem Backen das Gebäck aus den Förmchen lösen, erkalten lassen

175 g Aprikosen-Konfitüre *2 EßI. Wasser*	durch ein Sieb streichen, mit aufkochen, das erkaltete Gebäck dünn damit bestreichen
etwa 200 g Kuvertüre	im Wasserbad oder auf der Automatikplatte zu einer geschmeidigen Masse verrühren, die „Liegnitzer" mit dem Guß überziehen.

Würzige Früchteplätzchen

75 g Butter oder Margarine
150 g Zucker
1 Päckchen Vanillin-Zucker
2 Eiern
Salz
1 gut gehäuften Messerspitze
gemahlenen Nelken
1 gut gehäuften Messerspitze
gemahlenem Kardamom
1 gut gehäuften Messerspitze
gemahlenem Zimt
250 g Weizenmehl
3 g (1 gestrichener Teel.)
Backpulver Backin

Einen Rührteig bereiten aus:

30 g Zitronat (Sukkade) *30 g Orangeat* *75 g abgezogene,* *gehackte Mandeln*	beide Zutaten in feine Würfel schneiden

die Zutaten zuletzt unter den Teig heben, mit 2 Teelöffeln kleine Teighäufchen auf ein mit Alufolie belegtes Backblech setzen

Gas: 5 Minuten vorheizen 3–4, backen 3–4
Strom: 175–200
Backzeit: 10–15 Minuten

150 g Puderzucker *3–4 EßI. Zitronensaft*	sieben, mit glattrühren, so daß eine dickflüssige Masse entsteht, die erkalteten Plätzchen dünn damit bestreichen.

Mandel-Konfekt

Für die Mandelmasse

50 g Butter	
200 g Zucker	
2 Päckchen Vanillin-Zucker	unter Rühren so lange erhitzen, bis der Zucker leicht gebräunt ist
¼ l Sahne	hinzufügen, unter Rühren so lange erhitzen, bis der Zucker vollkommen gelöst ist
150 g Orangeat	in kleine Würfel schneiden, mit
300 g abgezogenen, gehobelten Mandeln	unterrühren
	die Masse nochmals unter ständigem Rühren so lange erhitzen, bis sie gut gebunden und fest ist, die Mandelmasse leicht bergartig auf
50–60 Oblaten (Durchmesser etwa 4 cm)	streichen, auf ein Backblech legen

Gas: 5 Minuten vorheizen 3–4, backen 3–4
Strom: 175–200
Backzeit: Etwa 10 Minuten

150 g Kuvertüre	im Wasserbad oder auf der Automatikplatte zu einer geschmeidigen Masse verrühren, das Konfekt nach dem Backen mit einem Teelöffel unregelmäßig besprenkeln.

Baseler Leckerli

250 g Bienenhonig	
250 g Zucker	
Salz	
4 Eßl. Wasser	langsam erwärmen, zerlassen, in eine Rührschüssel geben, kalt stellen, unter die fast erkaltete Masse
4 Tropfen Backöl Zitrone	
1 gestrichenen Teel. gemahlenen Zimt	
½ gestrichenen Teel. gemahlene Nelken	
etwas geriebene Muskatnuß	rühren
400 g Weizenmehl	
6 g (2 gestrichene Teel.) Backpulver Backin	mischen, sieben, nach und nach eßlöffelweise ⅔ davon unterrühren
100 g Orangeat	
100 g Zitronat (Sukkade)	
	beide Zutaten in feine Würfel schneiden, mit
200 g abgezogenen, gehobelten Mandeln	und dem Rest des Mehls zuletzt unter den Teig kneten den Teig gut ½ cm dick auf einem mit
Butter oder Margarine	gefetteten Backblech ausrollen

Gas: 2½–3½
Strom: 175–200
Backzeit: Etwa 25 Minuten

	sofort nach dem Backen den Honigkuchen vom Backblech lösen
75 g Zucker	
3 EBl. Wasser	so lange kochen, bis die Flüssigkeit in lang nachziehenden Tropfen vom Löffel fällt sofort nach dem Backen das Gebäck mit der heißen Glasur bestreichen (wird erst während des Trocknens weiß), in Rechtecke von 3 x 4 cm schneiden.

Kokosmakronen

125 g Butter oder Margarine	schaumig rühren, nach und nach unter Rühren die Hälfte von
375 g Zucker	hinzufügen
1 Päckchen Vanillin-Zucker	
4 Eigelb	und den restlichen Zucker hinzufügen
50 g Weizenmehl	sieben, nach und nach eßlöffelweise mit
375 g Kokosraspeln	unterrühren
4 Eiweiß	so steif schlagen, daß ein Messerschnitt sichtbar bleibt, zuletzt vorsichtig unter den Teig ziehen (nicht rühren!), mit 2 Teelöffeln sehr kleine Teighäufchen auf ein mit
Butter oder Margarine	gefettetem Pergamentpapier belegtes Backblech setzen
Gas:	5 Minuten vorheizen 4–5, backen 4–5
Strom:	200–225
Backzeit:	Etwa 10 Minuten.

Schneehäubchen
(Eiweißverwendung)

3 Eiweiß	so steif schlagen, daß ein Messerschnitt sichtbar bleibt
250 g Puderzucker	sieben, eßlöffelweise unterschlagen zum Bestreichen der "Häubchen" 4 EBl. Eierschnee abnehmen
125 g gemahlene Mandeln	
125 g gemahlene Haselnußkerne	unter den übrigen Eierschnee heben, die Masse bergartig auf
etwa 50 Oblaten (Durchmesser etwa 4 cm)	streichen, sorgfältig mit dem zurückgelassenen Eierschnee bestreichen, auf ein Backblech legen, auf die untere Schiene in den Backofen schieben
Gas:	knapp 1–2
Strom:	125–150
Backzeit:	Etwa 20 Minuten.

Sterntaler
(Abb. S. 41)

250 g Weizenmehl
50 g gesiebtem Puderzucker
1 Päckchen
Vanillin-Zucker
abgeriebener Schale
½ Zitrone (ungespritzt)
1 EBl. Zitronensaft
175 g Butter oder Margarine

Einen Knetteig bereiten aus:

sollte der Teig kleben, ihn eine Zeitlang kalt stellen
den Teig etwa 3 mm dick ausrollen, Sterne ausstechen, auf ein mit

Butter oder Margarine gefettetes Backblech legen

Gas: 5 Minuten vorhe
Strom: 175—200
Backzeit: Etwa 8 Minuten

175 g Puderzucker
etwa 3 EBl. Zitronensaft

sieben, mit
glattrühren, so daß eine dickflüssige Masse entsteht, die erkalteten Plätzchen damit bestreichen

etwa 20 g Pistazien abziehen, fein hacken, die Plätzchen damit bestreuen.

Spritzgebäck
(Abb. S. 42)

250 g Butter oder Margarine
250 g Zucker
2 Päckchen
Vanillin-Zucker
3 Eigelb
abgeriebene Schale 1
Zitrone oder Apfelsine
(ungespritzt)
500 g Weizenmehl
6 g (2 gestrichene Teel.)
Backpulver Backin
gut 1 EBl. Milch

schaumig rühren, nach und nach unter Rühren

hinzufügen

mischen, sieben, nach und nach eßlöffelweise mit unterrühren
bevor das Mehl ganz untergearbeitet ist, wird der Teig sehr fest, dann den Rest des Mehls leicht darunter kneten
den Teig durch einen Fleischwolf mit Spezialvorsatz spritzen, in Stücke von beliebiger Länge schneiden, auf ein Backblech legen

Gas: 5 Minuten vorheizen 3—4, backen 3—4
Strom: 175—200
Backzeit: Etwa 15 Minuten

100 g Puderzucker
20 g Kakao
etwa 1½ EBl. heißem Wasser
50 g Butter

mischen, sieben, mit
glattrühren, so daß eine dickflüssige Masse entsteht
zerlassen, heiß darunter rühren
das Gebäck an einer der Schmalseiten mit dem Guß bestreichen.

Mokkakranz Rezept Seite 55
Kopenhagener Rezept Seite 68
Gewürzkuchen Rezept Seite 21
Gefüllter Honigkranz Rezept Seite 17

Apfelsinen-Schichttorte
(Abb. S. 41)

175 g Butter oder Margarine
175 g Zucker
1 Päckchen Vanillin-Zucker
3 Eiern
150 g Weizenmehl
30 g Speisestärke,
z. B. Gustin
3 g (1 gestrichener Teel.)
Backpulver Backin

Butter oder Margarine

Einen Rührteig bereiten aus:

die Teigmenge für 4 Böden einteilen, jeweils auf einen mit gefetteten Springformboden (Durchmesser etwa 26 cm) streichen
jeden Boden ohne Springformrand backen, bis er hellbraun ist

Gas: 5 Minuten vorheizen 3–4, backen 3–4
Strom: 175–200
Backzeit: Etwa 10 Minuten
sofort nach dem Backen die Böden vom Springformboden lösen, auf einem Kuchenrost erkalten lassen

100 g zartbittere Schokolade
etwa 10 g Kokosfett

im Wasserbad oder auf der Automatikplatte zu einer geschmeidigen Masse verrühren, mit einem Pinsel die obere Seite der Böden damit bestreichen, gut trocknen lassen
für die Füllung

2 gehäufte Teel.
Gelatine gemahlen, weiß
3 Eßl. kaltem Wasser

mit
anrühren, 10 Minuten zum Quellen stehenlassen
aus

¼ l Apfelsinensaft
(von 4–5 Apfelsinen)
1 Päckchen Dr. Oetker Galetta
Vanille-Geschmack

nach der Vorschrift auf dem Päckchen eine Creme zubereiten, stehenlassen

1 Apfelsine (ungespritzt)

mit heißem Wasser abwaschen, abtrocknen, mit den Ecken von

4 Stück Würfelzucker

die Apfelsinenschale abreiben
die gequollene Gelatine mit dem Würfelzucker unter Rühren erwärmen, bis alles gelöst ist, kühl stellen

½ l Sahne

fast steif schlagen, die lauwarme Gelatinelösung hinzufügen, die Sahne vollkommen steif schlagen, etwas von der Schlagsahne zum Verzieren in einen Spritzbeutel füllen, die übrige Schlagsahne unter die Apfelsinencreme heben
die Böden mit der Füllung bestreichen (etwas für den Rand zurücklassen), zu einer Torte zusammensetzen, die oberste Schicht muß ein Boden sein, den Rand der Torte mit der zurückgelassenen Schlagsahne bestreichen, mit

30 g geraspelter Schokolade

bestreuen
die Torte mit der Schlagsahne aus dem Spritzbeutel verzieren, mit

Apfelsinenspalten

garnieren.

Apfelrolle

500 g Weizenmehl
1 Päckchen Dr. Oetker Hefe
50 g Zucker
1 Päckchen Vanillin-Zucker
Salz
100 g zerlassene Butter oder
Margarine
2 Eier
⅛ l lauwarme Milch

in eine Schüssel sieben, mit
sorgfältig vermischen

hinzufügen, alles mit einem Handrührgerät mit Knethaken
zuerst auf der niedrigsten, dann auf der höchsten Stufe in
etwa 5 Minuten zu einem Teig verarbeiten
den Teig an einem warmen Ort so lange stehenlassen, bis er
etwa doppelt so hoch ist, ihn dann mit einem Handrührgerät
auf der höchsten Stufe nochmals gut durchkneten, zu einem
Rechteck von 45 x 60 cm ausrollen, mit ⅔ von

75 g weicher Butter bestreichen

für die Füllung

1 kg Äpfel schälen, vierteln, entkernen, in feine Scheiben schneiden
50−75 g Rosinen waschen, gut abtropfen lassen
50 g abgezogene,
gehobelte Mandeln
50−75 g Zucker
1 Päckchen Vanillin-Zucker
1 Messerspitze gemahlener Zimt

die Zutaten mischen, gleichmäßig auf dem Teig verteilen,
die längeren Seiten etwas einschlagen, den Teig von der
kürzeren Seite her fest aufrollen
die Rolle auf ein mit
Butter oder Margarine gefettetes Backblech legen, an einem warmen Ort nochmals
so lange stehenlassen, bis sie etwa doppelt so hoch ist, sie
erst dann in den Backofen schieben

Gas: 1½−3
Strom: 165−175
Backzeit: 50−60 Minuten
die restliche Butter zerlassen, sofort nach dem Backen die
Rolle damit bestreichen, mit
Puderzucker bestäuben
die Apfelrolle nach Belieben kalt oder warm servieren.

Beigabe (für eine warme Apfelrolle):
Soße, zubereitet mit Soßen-Pulver Ohne Kochen Vanille-
Geschmack oder Weinschaumsoße.

Vanille-Cremetorte

3 Eigelb
3-4 EßI. warmem Wasser*
150 g Zucker
1 Päckchen Vanillin-Zucker
3 Eiweiß
100 g Weizenmehl
100 g Speisestärke,
z. B. Gustin
9 g (3 gestrichene Teel.)
Backpulver Backin

bei großen Eiern die kleinere und bei kleinen Eiern die größere Wassermenge nehmen

Einen Biskuitteig bereiten aus:

den Teig in eine mit Papier ausgelegte Springform (Durchmesser etwa 26 cm) füllen, sofort backen

Gas: 3-4
Strom: 175-200
Backzeit: 20-30 Minuten
den Tortenboden gut auskühlen lassen

für die Füllung aus

1 Päckchen
Dr. Oetker Pudding-Pulver
Vanille-Geschmack
75 g Zucker
½ l kalter Milch
2 Päckchen
Vanillin-Zucker
250 g Butter oder Margarine

nach Vorschrift auf dem Päckchen einen Pudding zubereiten

hinzufügen, kalt stellen, ab und zu durchrühren
schaumig rühren, den Pudding eßlöffelweise darunter geben (darauf achten, daß weder Fett noch Pudding zu kalt sind, da dann die sogenannte Gerinnung eintritt!)
den Tortenboden zweimal durchschneiden

100 g zartbittere Schokolade

im Wasserbad oder auf der Automatikplatte zu einer geschmeidigen Masse verrühren, den unteren Boden zunächst mit der Schokolade, dann mit gut ¼ der Creme bestreichen, den zweiten darauf legen, zunächst mit

2-3 EßI. Aprikosen-Konfitüre

und dann mit knapp der Hälfte der restlichen Creme bestreichen, mit dem dritten bedecken, Rand und obere Seite der Torte dünn und gleichmäßig mit etwas von der zurückgelassenen Creme bestreichen, den Rand der Torte mit

50 g geraspelter Schokolade
oder Schokoladenstreuseln

bestreuen, mit der restlichen Creme auf die obere Seite ein „Gittermuster" spritzen.

Aranca-Mandarinentorte

125 g Butter oder Margarine
125 g Zucker
1 Päckchen
Vanillin-Zucker
2 Eiern
125 g Weizenmehl
1 Messerspitze
Backpulver Backin

Einen Rührteig bereiten aus:

(Fortsetzung nächste Seite)

Butter oder Margarine	die Teigmenge für 2 Böden einteilen, jeweils auf einen mit gefetteten Springformboden (Durchmesser etwa 26 cm) streichen
	jeden Boden ohne Springformrand backen, bis er hellbraun ist
Gas:	5 Minuten vorheizen 3–4, backen 3–4
Strom:	175–200
Backzeit:	15–20 Minuten
	sofort nach dem Backen die Böden vom Springformboden lösen, auf einem Kuchenrost erkalten lassen
etwa 200 g Mandarinenspalten (aus der Dose)	für die Füllung
	abtropfen lassen
2 Päckchen Dr. Oetker Aranca Zitrone-Geschmack ½ l Wasser von Zimmertemperatur ¼ l Sahne	aus
	nach der Vorschrift auf den Päckchen eine Creme zubereiten, kalt stellen, damit sie etwas fester wird
	einen der Rührteigböden auf eine Tortenplatte legen, den Springformrand um den Boden legen, schließen
	die Hälfte der Creme gleichmäßig auf dem Tortenboden verteilen, mit den Mandarinenspalten belegen, die restliche Creme darauf verteilen, mit dem zweiten Boden bedecken, kalt stellen, damit die Creme vollkommen fest wird
	den Springformrand mit einem Messer vorsichtig von der Torte lösen, sie mit
Puderzucker	bestäuben.

Erfrischende Cremeschnitten
(Abb. S. 71)

2 Eigelb	Einen Biskuitteig bereiten aus:
*2–3 Eßl. warmem Wasser**	
100 g Zucker	
1 Päckchen Vanillin-Zucker	
2 Eiweiß	
75 g Weizenmehl	
25 g Speisestärke, z. B. Gustin	
10 g Kakao	
3 g (1 gestrichener Teel.) Backpulver Backin	
50 g Butter oder Margarine	zerlassen, abgekühlt vorsichtig hinzufügen
	den Teig in eine mit
Butter oder Margarine	gefettete, mit Papier ausgelegte Kastenform füllen, sofort backen

* bei großen Eiern die kleinere und bei kleinen Eiern die größere Wassermenge nehmen

Gas:	3–4
Strom:	175–200
Backzeit:	Etwa 30 Minuten

den Biskuit gut auskühlen lassen

für die Füllung
den Inhalt der beiden Beutel aus

1 Päckchen
Dr. Oetker Torten-Creme-Pulver auf einmal in
½ l Milch von Zimmertemperatur geben, mit einem Schneebesen etwa 1 Minute schnell
durchschlagen, bis eine gleichmäßige Creme entstanden ist
abgeriebene Schale
1 Zitrone (ungespritzt)
4 EßI. Zitronensaft hinzufügen
250 g Butter
oder Margarine bester Qualität mit einem elektrischen Handrührgerät oder mit einem
Schneebesen **gut** schaumig rühren, die Creme nach und
nach unter ständigem Rühren dazugeben
den Biskuit zweimal durchschneiden, den unteren Boden
mit ⅓ der Creme bestreichen, den zweiten darauf legen,
mit der Hälfte der restlichen Creme bestreichen, mit dem
dritten bedecken, Rand und obere Seite des Gebäcks
gleichmäßig mit Creme bestreichen, die obere Seite mit
Creme verzieren, mit
Zitronenscheiben
abgeriebener Zitronenschale
(ungespritzt) garnieren.

Zopf

500 g Weizenmehl in eine Schüssel sieben, mit
1 Päckchen Dr. Oetker Hefe sorgfältig vermischen
1 gestrichenen Teel. Salz
4 EßI. Speiseöl
gut ¼ l lauwarme Milch hinzufügen, alles mit einem Handrührgerät mit Knethaken
zuerst auf der niedrigsten, dann auf der höchsten Stufe in
etwa 5 Minuten zu einem Teig verarbeiten
den Teig an einem warmen Ort so lange stehenlassen, bis
er etwa doppelt so hoch ist, ihn dann mit einem Handrührgerät auf der höchsten Stufe nochmals gut durchkneten
aus ⅔ des Teiges drei etwa 40 cm lange Rollen formen,
als Zopf auf ein mit
Butter oder Margarine gefettetes Backblech legen, mit einem Rollholz der Länge
nach eine Vertiefung eindrücken
1 Eigelb mit
1 EßI. Milch verquirlen, die Vertiefung mit etwas davon bestreichen
aus dem Rest des Teiges drei etwa 35 cm lange Rollen formen, daraus einen Zopf flechten, auf den größeren legen,
ebenfalls mit verquirltem Eigelb bestreichen
den Zopf an einem warmen Ort nochmals so lange stehenlassen, bis er etwa doppelt so hoch ist,
ihn erst dann in den Backofen schieben

Gas: 3—4
Strom: 175—200
Backzeit: Etwa 45 Minuten.

Sahne-Schichttorte

Einen Rührteig bereiten aus:

250 g Butter oder Margarine
250 g Zucker
1 Päckchen Vanillin-Zucker
4 Eiern, Salz
200 g Weizenmehl
50 g Speisestärke,
z. B. Gustin
3 g (1 gestrichener Teel.)
Backpulver Backin

Butter oder Margarine

die Teigmenge für 6 Böden einteilen, jeweils auf einen mit gefetteten Springformboden (Durchmesser etwa 26 cm) streichen, jeden Boden ohne Springformrand backen, bis er hellbraun ist

Gas: 5 Minuten vorheizen 3–4, backen 3–4
Strom: 175–200
Backzeit: 15–20 Minuten

sofort nach dem Backen die Böden vom Springformboden lösen, auf einem Kuchenrost erkalten lassen

für die Füllung

100 g bittere Schokolade im Wasserbad oder auf der Automatikplatte zu einer geschmeidigen Masse verrühren

¾ l Sahne 1 Minute schlagen
25 g Puderzucker sieben, mit
2 Päckchen Sahnesteif mischen, einstreuen, die Sahne steif schlagen
die abgekühlte, noch weiche Schokolade darunter schlagen
die Böden mit der Sahne bestreichen (etwas für den Rand zurücklassen), zu einer Torte zusammensetzen, den Rand mit der zurückgelassenen Sahne bestreichen

etwas Schokolade schaben, die obere Seite der Torte damit bestreuen.

Herrenschnitten
(Abb. S. 51)

Einen Knetteig bereiten aus:

100 g Weizenmehl
1 Messerspitze
Backpulver Backin
25 g Zucker
1 Päckchen
Vanillin-Zucker
75 g Butter oder Margarine

Butter oder Margarine

sollte der Teig kleben, ihn eine Zeitlang kalt stellen
den Teig in der Größe von 32 x 16 cm auf einem mit gefetteten Backblech ausrollen, mehrmals mit einer Gabel einstechen

Gas: 5 Minuten vorheizen 3–4, backen 3–4
Strom: 200–225
Backzeit: 15–20 Minuten

sofort nach dem Backen die Platte vom Backblech lösen, gut auskühlen lassen einen Biskuitteig bereiten aus:

2 Eigelb
2—4 EßI. warmem Wasser*
85 g Zucker
1 Päckchen Vanillin-Zucker
2 Eiweiß
50 g Weizenmehl
50 g Speisestärke,
z. B. Gustin
15 g Kakao
4½ g (1½ gestrichene Teel.)
Backpulver Backin

Butter oder Margarine

* bei großen Eiern die kleinere
und bei kleinen Eiern die größere
Wassermenge nehmen

den Teig auf ein mit
gefettetes, mit Alufolie oder Pergamentpapier belegtes Backblech (32 x 16 cm) streichen (damit der Teig an der offenen
Seite nicht auslaufen kann, die Folie [Papier] unmittelbar vor
dem Teig zur Falte kniffen, so daß ein Rand entsteht), sofort
backen

Gas:	3—4
Strom:	175—200
Backzeit:	20—25 Minuten

Zucker

sofort nach dem Backen den Biskuit auf ein mit
bestreutes Papier stürzen, die Folie (Papier) vorsichtig,
aber schnell abziehen, den Biskuit gut auskühlen lassen

für die Füllung

425 g Preiselbeeren
(aus dem Glas)

abtropfen lassen, den Saft auf ¼ l auffüllen (evtl. mit Wasser
ergänzen!)
aus

1 Päckchen Tortenguß klar
25 g Zucker
¼ l Preiselbeersaft

einen Guß nach der Vorschrift auf dem Tortenguß-Päckchen
zubereiten
die Preiselbeeren unterheben, gut 1 Minute abkühlen lassen
den Knetteigboden gleichmäßig mit der Preiselbeermasse
bestreichen
den Biskuit einmal durchschneiden, die untere Hälfte auf
die Preiselbeermasse legen, gut andrücken

2 schwach gehäufte Teel.
Gelatine gemahlen, weiß
3 EßI. kaltem Wasser

mit
anrühren, 10 Minuten zum Quellen stehenlassen, unter
Rühren erwärmen, bis sie gelöst ist, kühl stellen

½ l Sahne
50 g gesiebten Puderzucker

fast steif schlagen, die lauwarme Gelatinelösung,
hinzufügen, die Sahne vollkommen steif schlagen, die Hälfte
der Schlagsahne auf den unteren Biskuitboden streichen, mit
dem oberen bedecken, gut andrücken, die obere Seite des
Gebäcks dünn mit Schlagsahne bestreichen
das Gebäck in Schnitten von 4 x 8 cm schneiden, jede mit
der restlichen Schlagsahne verzieren, mit

geraspelter Schokolade

garnieren.

Gerollte Schnitten
(Abb. nebenstehend)

Einen Quark-Ölteig bereiten aus:

150 g gut ausgepreßtem
Speisequark
6 EßI. Milch
6 EßI. Speiseöl
75 g Zucker
1 Päckchen
Vanillin-Zucker
Salz
300 g Weizenmehl
1 Päckchen
Backpulver Backin

den Teig zu einem Rechteck von 30 x 60 cm ausrollen, mit

100 g weicher Butter
oder Margarine

bestreichen

für die Füllung

250 g Rosinen   waschen, gut abtropfen lassen
100 g Haselnußkerne   grob hacken
75 g Zitronat (Sukkade) in kleine Würfel schneiden
25 g Zucker
1 Päckchen
Vanillin-Zucker
1 Fläschchen
Rum-Aroma
1 Messerspitze gemahlener Zimt

die Zutaten mischen, gleichmäßig auf dem Teig verteilen,
leicht andrücken
den Teig in der Mitte durchschneiden, so daß Hälften von
30 x 30 cm entstehen, jedes Teigstück für sich aufrollen,
beide zusammen auf ein mit

Butter oder Margarine

gefettetes Backblech legen
die Rollen der Länge nach (etwa 26 cm) etwa 2½ cm tief
einschneiden

Gas: 3—4
Strom: 175—200
Backzeit: 25—35 Minuten

125 g Puderzucker   sieben, mit
2—3 EßI. Apfelsinensaft glattrühren, so daß eine dickflüssige Masse entsteht
etwas abgeriebene
Apfelsinenschale (ungespritzt) hinzufügen
das Gebäck nach dem Backen sofort mit dem Guß
bestreichen.

50

Gerollte Schnitten   Rezept s. oben

Herrenschnitten   Rezept Seite 48

Schichtkuchen, gegrillt
(Abb. S. 62)

250 g Butter oder Margarine
250 g Zucker
1 Päckchen Vanillin-Zucker
2 Eiern
4 Eigelb
1−2 Eßl. Rum
150 g Weizenmehl
100 g Speisestärke,
z. B. Gustin
9 g (3 gestrichene Teel.)
Backpulver Backin

Einen Rührteig bereiten aus:

4 Eiweiß

so steif schlagen, daß ein Messerschnitt sichtbar bleibt, zuletzt unter den Teig heben
den Boden einer Kastenform (30 x 11 cm) mit

Butter oder Margarine

gefettetem Pergamentpapier auslegen, 1 gehäuften Eßl. Teig gleichmäßig mit einem Pinsel darauf streichen
die Form auf dem Rost in den Backofen schieben (Abstand zwischen Grill und Teigschicht etwa 20 cm), die Teigschicht unter dem vorgeheizten Grill hellbraun backen

Grillzeit
Gas: Etwa 2 Minuten
Strom: Etwa 2 Minuten

als zweite Schicht wieder etwa 1 Eßl. Teig auf die gebackene Schicht streichen, die Form wieder unter den Grill schieben auf diese Weise den ganzen Teig verarbeiten (die Einschubhöhe nach Möglichkeit so verändern, daß der Abstand von etwa 20 cm zwischen Grill und Teigschicht bestehen bleibt) den fertigen Kuchen mit einem Messer vorsichtig vom Rand der Form lösen, auf den Boden einer Springform stürzen, das Papier abziehen, nochmals kurz übergrillen

125 g Puderzucker
30 g Kakao
1−2 Eßl. heißem Wasser

mischen, sieben, mit
glattrühren, so daß eine dickflüssige Masse entsteht
nach Belieben

25 g Kokosfett
oder
100 g Schokolade
25 g Kokosfett

zerlassen, heiß darunter rühren

im Wasserbad oder auf der Automatikplatte zu einer geschmeidigen Masse verrühren
den erkalteten Kuchen mit einem der Güsse überziehen.

Veränderung: Den gegrillten Kuchen erkalten lassen, in dünne Scheiben schneiden (nach Belieben halbieren), an einer der Schmalseiten etwa 2 cm breit mit Guß bestreichen.

A p f e l s i n e n - u n d   W e i n b r a n d t ö r t c h e n   R e z e p t   S e i t e 6

Mokkakranz
(Abb. S. 39)

Einen Biskuitteig bereiten aus:

2 Eigelb
2–3 Eßl. warmem Wasser*
100 g Zucker
1 Päckchen Vanillin-Zucker
2 Eiweiß
75 g Weizenmehl
50 g Speisestärke,
z. B. Gustin
3 g (1 gestrichener Teel.)
Backpulver Backin

Butter oder Margarine

den Teig in eine mit
gefettete Kranz-Form (Durchmesser etwa 24 cm) füllen,
sofort backen

*bei großen Eiern die kleinere
und bei kleinen Eiern die größere
Wassermenge nehmen*

Gas: 3–4
Strom: 175–200
Backzeit: Etwa 30 Minuten

den Biskuit gut auskühlen lassen

für die Füllung

½ l Sahne
50 g Zucker
2 Päckchen Sahnesteif
2 gestrichene Teel.
Kaffee-Extraktpulver

½ Minute schlagen

mischen, einstreuen, die Sahne steif schlagen
den Biskuit zweimal durchschneiden, mit Mokkasahne
füllen, bestreichen (etwas zurücklassen!)

100 g Schokolade

raspeln, den Kranz damit bestreuen, mit der zurückgelassenen Mokkasahne verzieren, mit

Schokoladenplättchen
kandierten Kirschen

garnieren.

Sahneringe
(etwa 12 Stück)
(Abb. S. 61)

Einen Brandteig bereiten aus:

⅛ l Wasser
25 g Butter oder Margarine
75 g Weizenmehl
20 g Speisestärke,
z. B. Gustin
2–3 Eiern
1½ g (½ gestrichener Teel.)
Backpulver Backin

den Teig in einen Spritzbeutel (weite Tülle) füllen, in Form von Ringen (Durchmesser etwa 7 cm) auf ein mit

Butter oder Margarine	gefettetes, mit
Weizenmehl	bestäubtes Backblech spritzen

Gas:	5 Minuten vorheizen 4–5, backen 4–5
Strom:	200–225
Backzeit:	25–30 Minuten

während der ersten 15 Minuten Backzeit nicht in den Ofen sehen, da die Ringe sonst zusammenfallen
sofort nach dem Backen die Ringe aufschneiden

für die Füllung

etwa 175 g Mandarinenspalten (aus der Dose)	abtropfen lassen
¼ l Sahne	½ Minute schlagen
25 g Zucker	
1 Päckchen Vanillin-Zucker	
1 Päckchen Sahnesteif	mischen, einstreuen, die Sahne steif schlagen
3 Eßl. Mandarinensaft	vorsichtig unterziehen

die Unterteile der Ringe mit etwas Schlagsahne besprizen, die Mandarinenspalten darauf verteilen, die restliche Schlagsahne darüber spritzen, die Oberteile der Ringe darauf legen, leicht mit

Puderzucker	bestäuben.

Napfkuchen

Einen Rührteig bereiten aus:

250 g Butter oder Margarine	
200 g Zucker	
1 Päckchen Vanillin-Zucker	
4 Eiern	
1 Fläschchen Rum-Aroma	
Salz	
375 g Weizenmehl	
125 g Speisestärke, z. B. Gustin	
1 Päckchen Backpulver Backin	
knapp ⅛ l Milch	

125 g Rosinen	waschen, gut abtropfen lassen
65 g Zitronat (Sukkade)	in kleine Würfel schneiden
100 g abgezogene, gehackte Mandeln	

die Zutaten zuletzt unter den Teig heben, ihn in eine mit

Butter oder Margarine	gefettete Napfkuchenform füllen

Gas:	2–3½
Strom:	175–200
Backzeit:	65–75 Minuten.

Windbeutel
(Abb. S. 61)

¼ l Wasser
50 g Butter, Margarine oder
Schweineschmalz
150 g Weizenmehl
30 g Speisestärke, z. B. Gustin
4–6 Eiern
3 g (1 gestrichener Teel.)
Backpulver Backin

Einen Brandteig bereiten aus:

Butter oder Margarine
Weizenmehl

mit 2 Löffeln oder mit einem Spritzbeutel in der Größe einer
Mandarine Teighäufchen auf ein mit
gefettetes, mit
bestäubtes Backblech setzen

Gas: 5 Minuten vorheizen 4–5, backen 4–5
Strom: 200–225
Backzeit: 25–30 Minuten

während der ersten 15 Minuten Backzeit nicht in den Ofen
sehen, da das Gebäck sonst zusammenfällt
die Windbeutel gleich nach dem Backen aufschneiden

500 g Sauerkirschen
40–60 g Zucker

für die Füllung
waschen, entstielen, entsteinen, mit
mischen, kurze Zeit zum Saftziehen stehenlassen, sie
danach nur eben zum Kochen bringen, abtropfen lassen
wenn der Saft kalt ist, ⅛ l davon abmessen (evtl. mit Wasser
ergänzen), damit

20 g Speisestärke,
z. B. Gustin

anrühren, unter Rühren zum Kochen bringen, kurz aufkochen
lassen, die Kirschen darunter rühren, kalt stellen, mit dem
restlichen Zucker abschmecken

½ l Sahne
25 g Puderzucker
1 Päckchen Vanillin-Zucker
2 Päckchen Sahnesteif

½ Minute schlagen

mischen, sieben, einstreuen, die Sahne steif schlagen
in jeden Windbeutel eine gut fingerdicke Schicht von den
erkalteten Kirschen geben, darauf die Sahne füllen, auf jeden
Windbeutel den abgeschnittenen Deckel legen
die Windbeutel mit

Puderzucker

bestäuben.

Panama-Torte

7 Eigelb	nach und nach mit
150 g Zucker	
1 Päckchen	
Vanillin-Zucker	weißschaumig schlagen
7 Eiweiß	so steif schlagen, daß ein Messerschnitt sichtbar bleibt, auf die Eigelbcreme geben, zusammen mit
50 g gesiebtem Weizenmehl	
150 g gemahlenen Mandeln	
75 g geriebener Schokolade	unterziehen (nicht rühren!)
	den Teig in eine mit Papier ausgelegte Springform (Durchmesser etwa 26 cm) füllen, sofort backen
Gas:	1−1½
Strom:	130−150
Backzeit:	60−70 Minuten
	den Tortenboden vom Springformrand lösen, in der Form erkalten lassen
	für die Füllung
75 g Schokolade	im Wasserbad oder auf der Automatikplatte zu einer geschmeidigen Masse verrühren
150 g Butter	schaumig rühren, nach und nach unter Rühren
100 g gesiebten Puderzucker	
2 Eier	und die abgekühlte noch weiche Schokolade hinzufügen
	die Creme kalt stellen, damit sie fester wird
	den Tortenboden einmal durchschneiden, mit der Hälfte der Creme füllen, Rand und obere Seite der Torte gleichmäßig mit der restlichen Creme bestreichen
40 g Schokolade	raspeln, den Rand der Torte damit bestreuen, die obere Seite nach Belieben mit einer Gabel verzieren.

Blitz-Sandtorte

6 Eier	mit
375 g **feinkörnigem** Zucker	
2 Päckchen Vanillin-Zucker	gut verrühren
2 Eßl. Zitronensaft	hinzufügen
175 g Weizenmehl	
175 g Speisestärke, z. B. Gustin	
4½ g (1½ gestrichene Teel.) Backpulver Backin	mischen, sieben, nach und nach eßlöffelweise unterrühren
375 g Butter	zerlassen − heiß, aber nicht kochend! − vorsichtig unterrühren
	den Teig in eine mit Papier ausgelegte Springform (Durchmesser etwa 26 cm) füllen, sofort backen
Gas:	1½−3
Strom:	150−175
Backzeit:	60−85 Minuten
	die erkaltete Torte mit
Puderzucker	bestäuben.

Joghurt-Sahnetorte
(Abb. S. 9)

375 g entsteinte Sauerkirschen (aus dem Glas)	abtropfen lassen
1 Biskuit-Tortenboden	auf eine Tortenplatte legen den Ring-Streifen aus
1 Packung Dr. Oetker Tortenhilfe für Quark-Sahnetorte	um den Tortenboden legen, die Kirschen auf dem Boden verteilen
½ l Wasser	und die Tortenhilfe in eine Schüssel geben, mit einem elektrischen Handrührgerät mit Schneebesen auf höchster Stufe etwa 3 Minuten schlagen (von Hand mit Schneebesen etwa 5 Minuten), bis eine feinporige weiße Schaummasse entstanden ist
3 Töpfchen Joghurt	nacheinander (jeweils 1 Töpfchen) auf höchster Stufe kurz unter die Schaummasse schlagen
¼ l Sahne	½ Minute schlagen
1 Päckchen Vanillin-Zucker 1 Päckchen Sahnesteif	mischen, einstreuen, die Sahne steif schlagen, 3 Eßl. davon in einen Spritzbeutel füllen, die restliche Schlagsahne auf niedrigster Stufe kurz unter die Joghurtmasse schlagen, auf die Kirschen geben, gleichmäßig bis an den Ring-Streifen streichen, im Kühlschrank fest werden lassen nach 3 Stunden den Ring-Streifen mit Hilfe eines Messers lösen kurz vor dem Servieren die Torte schneiden, mit der Schlagsahne aus dem Spritzbeutel verzieren.

Schneetorte

	Einen Knetteig bereiten aus:
150 g Weizenmehl 40 g Zucker 1 Päckchen Vanillin-Zucker 100 g Butter oder Margarine	
	sollte der Teig kleben, ihn eine Zeitlang kalt stellen den Teig auf dem Boden einer Springform (Durchmesser etwa 26 cm) ausrollen, mehrmals mit einer Gabel einstechen
Gas:	5 Minuten vorheizen 3–4, backen 3–4
Strom:	200–225
Backzeit:	Etwa 15 Minuten
	sofort nach dem Backen den Boden vom Springformboden lösen, aber erst, wenn er erkaltet ist, ihn auf eine Tortenplatte legen

einen Rührteig bereiten aus:

125 g *Butter oder Margarine*
125 g *Zucker*
1 *Päckchen Vanillin-Zucker*
1 *Ei*
2 *Eiweiß*
75 g *Weizenmehl*
50 g *Speisestärke,*
z. B. Gustin
3 g *(1 gestrichener Teel.)*
Backpulver Backin

den Teig in eine mit

Butter oder Margarine

gefettete Springform (Durchmesser etwa 26 cm) füllen, glattstreichen

Gas: 3−4
Strom: 175−200
Backzeit: 20−30 Minuten

den Tortenboden vom Springformrand lösen, auf einen Kuchenrost legen, gut auskühlen lassen (am besten einen Tag vorher backen), ihn dann einmal durchschneiden

für die Füllung

1 *Päckchen Gelatine*
gemahlen, weiß
4 *EßI. kaltem Wasser*

mit
anrühren, 10 Minuten zum Quellen stehenlassen

$^1/_{10}$ *l (100 ccm) Milch*
100 g *Zucker*
50 g *Bienenhonig*
2 *Eigelb*

unter ständigem Schlagen mit einem Schneebesen zum Kochen bringen, von der Kochstelle nehmen, die gequollene Gelatine hinzufügen, so lange rühren, bis sie gelöst ist, kalt stellen

500 g *Speisequark*
abgeriebene Schale $^1/_2$ *Zitrone*
(ungespritzt)
1 *EßI. Zitronensaft*
$^1/_2$ *l Sahne*

mit der erkalteten Honigmilch verrühren
steif schlagen, darunter heben
den Knetteigboden mit

etwa 2 EßI. Ananas-
oder Aprikosen-Konfitüre

bestreichen, die untere Hälfte des Rührteigbodens darauf legen, den Springformrand um die Böden legen (evtl. mit einem Pergamentpapierstreifen auslegen), schließen
die Füllung gleichmäßig auf dem Tortenboden verteilen, mit der oberen Tortenbodenhälfte bedecken, kalt stellen, damit die Quarkmasse fest wird
den Springformrand mit einem Messer vorsichtig von der Torte lösen
den Rand der Torte mit

abgezogenen, gehobelten,
gebräunten Mandeln
Puderzucker

bestreuen, die obere Seite mit
bestäuben.

Mandelkuchen

Einen Rührteig bereiten aus:

150 g Butter oder Margarine
200 g Zucker
1 Päckchen Vanillin-Zucker
5 Eiern
3 Tropfen Backöl
Bittermandel
100 g Weizenmehl
50 g Speisestärke, z. B. Gustin
3 g (1 gestrichener Teel.)
Backpulver Backin

150 g Schokolade   in kleine Stücke schneiden
150 g gemahlene Mandeln

                      die Zutaten zuletzt unter den Teig heben, ihn in eine mit
Butter oder Margarine gefettete, mit Papier ausgelegte Kastenform füllen

Gas: 1½–3
Strom: 165–175
Backzeit: Etwa 75 Minuten.

Zitronenkuchen

Einen Rührteig bereiten aus:

250 g Butter oder Margarine
200 g Zucker
1 Päckchen Vanillin-Zucker
4 Eiern
abgeriebener Schale
1 Zitrone (ungespritzt)
1 Eßl. Zitronensaft
150 g Weizenmehl
100 g Speisestärke,
z. B. Gustin
3 g (1 gestrichener Teel.)
Backpulver Backin

50 g abgezogene,
gemahlene Mandeln   zuletzt unter den Teig heben, ihn in eine mit
Butter oder Margarine gefettete, mit Papier ausgelegte Kastenform füllen

Gas: 1½–3
Strom: 150–175
Backzeit: 65–85 Minuten

125 g Puderzucker   sieben, mit
2–3 Eßl. Zitronensaft glattrühren, so daß eine dickflüssige Masse entsteht, den
                       erkalteten Kuchen damit überziehen.

60

Windbeutel   Rezept Seite 56

Sahneringe   Rezept Seite 54

Goldplätzchen
(Eigelbverwendung)

250 g Weizenmehl
6 g (2 gestrichene Teel.)
Backpulver Backin
200 g Zucker
1 Päckchen Vanillin-Zucker
2 Tropfen
Backöl Zitrone
3 Eigelb
125 g Butter oder Margarine
50 g abgezogenen,
gemahlenen Mandeln

Einen Knetteig bereiten aus:

sollte der Teig kleben, ihn eine Zeitlang kalt stellen
den Teig knapp ½ cm dick ausrollen, mit einer runden Form (Durchmesser etwa 5 cm) ausstechen, auf ein Backblech legen, von

100 g abgezogenen,
halbierten Mandeln

jedes Teigplätzchen mit einer Mandelhälfte belegen

Gas: 5 Minuten vorheizen 3–4, backen 3–4
Strom: 175–200
Backzeit: Etwa 15 Minuten.

Butterplätzchen
(Abb. S. 42)

250 g Butter

zerlassen, kalt stellen
in das erkaltete, wieder etwas fest gewordene Fett nach und nach eßlöffelweise

175 g Zucker
2 Päckchen
Vanillin-Zucker

geben, so lange rühren, bis Butter und Zucker weißschaumig geworden sind, dann

300 g Weizenmehl

sieben, ⅔ davon eßlöffelweise unterrühren, wenn der Teig fester wird,

1 EßI. Milch

hinzufügen
den Rest des Mehls mit dem Teigbrei zu einem glatten Teig verkneten
sollte der Teig kleben, ihn eine Zeitlang kalt stellen
den Teig in kleinen Mengen dünn ausrollen, mit kleinen beliebigen Formen ausstechen, auf ein Backblech legen

Gas: 5 Minuten vorheizen 2½–3½, backen 2½–3½
Strom: 175–200
Backzeit: Etwa 10 Minuten.

Schichtkuchen, gegrillt Rezept Seite 53

Vanilleplätzchen
(Abb. S. 42)

250 g Weizenmehl
3 g (1 gestrichener Teel.)
Backpulver Backin
75 g Zucker
2 Päckchen
Vanillin-Zucker
1 Ei
125 g Butter oder Margarine

Einen Knetteig bereiten aus:

sollte der Teig kleben, ihn eine Zeitlang kalt stellen
den Teig dünn ausrollen, mit einer runden Form (Durchmesser etwa 4 cm) ausstechen, auf ein mit

Butter oder Margarine gefettetes Backblech legen

Gas: 5 Minuten vorheizen 3–4, backen 3–4
Strom: 175–200
Backzeit: 8–10 Minuten

etwas Kuvertüre im Wasserbad oder auf der Automatikplatte zu einer geschmeidigen Masse verrühren
die erkalteten Plätzchen auf Pergamentpapier legen, mit einem Teelöffel unregelmäßig mit der Kuvertüre besprenkeln.

Mürbchen

300 g Weizenmehl
3 g (1 gestrichener Teel.)
Backpulver Backin
150 g Zucker
1 Päckchen Vanillin-Zucker
2 Tropfen
Backöl Zitrone
200 g Butter oder Margarine

Einen Knetteig bereiten aus:

sollte der Teig kleben, ihn eine Zeitlang kalt stellen
den Teig 3 mm dick ausrollen, mit einer runden Form (Durchmesser etwa 5 cm) ausstechen, auf ein Backblech legen, die Hälfte der Teigplätzchen mit

abgezogenen, halbierten Mandeln belegen

Gas: 5 Minuten vorheizen 3–4, backen 3–4
Strom: 175–200
Backzeit: 10–15 Minuten

für die Füllung

100 g Haselnußkerne mahlen, mit
150 g Bienenhonig
1 Eßl. Zitronensaft gut verrühren
die Hälfte der Plätzchen auf der Unterseite mit Füllung bestreichen, die mit Mandeln garnierten mit der Unterseite darauf legen, leicht andrücken.

Weinknacker

Einen Knetteig bereiten aus:

200 g Weizenmehl
3 g (1 gestrichener Teel.)
Backpulver Backin
100 g Zucker
1 Päckchen Vanillin-Zucker
Salz
1/2 Fläschchen Rum-Aroma
1 Eiweiß
125 g Butter oder Margarine

sollte der Teig kleben, ihn eine Zeitlang kalt stellen
den Teig auf einem mit

Butter oder Margarine gefetteten Backblech (etwa 32 x 46 cm) ausrollen
1 Eigelb mit
1 Teel. Milch verquirlen, den Teig damit bestreichen, mit
100 g abgezogenen,
gehobelten Mandeln bestreuen (leicht andrücken)

Gas: 3–4
Strom: 175–200
Backzeit: 15–20 Minuten

sofort nach dem Backen das Gebäck in Streifen von etwa
3 x 6 cm schneiden, vom Backblech nehmen.

Sandschnitten

250 g Butter oder Margarine zerlassen, kalt stellen
in das erkaltete, wieder etwas fest gewordene Fett

200 g **feinkörnigen** Zucker
1 Päckchen Vanillin-Zucker geben, so lange rühren, bis Fett und Zucker weißschaumig
geworden sind, dann nach und nach

4 Eier
Salz hinzufügen
125 g Weizenmehl
125 g Speisestärke,
z. B. Gustin
1 1/2 g (1/2 gestrichener Teel.)
Backpulver Backin mischen, sieben, eßlöffelweise unterrühren
den Teig auf ein mit
Butter oder Margarine gefettetes Backblech geben, glattstreichen, mit
50 g abgezogenen,
gehobelten Mandeln bestreuen

Gas: 3–4
Strom: 175–200
Backzeit: Etwa 20 Minuten

50 g Puderzucker sieben, mit
4 EßI. Apfelsinensaft
2 EßI. Zitronensaft verrühren, den noch warmen Kuchen damit bestreichen,
den Saft einziehen lassen
das Gebäck in Schnitten von beliebiger Größe schneiden.

Streuselplätzchen
(Abb. S. 20)

1 Packung (300 g) tiefgekühlten Blätterteig	bei Zimmertemperatur auftauen lassen den Teig dünn ausrollen, mit einer runden Form (Durchmesser etwa 6 cm) ausstechen, auf ein mit kaltem Wasser abgespültes Backblech legen, mit
Dosenmilch	bestreichen
	für die Streusel
150 g Weizenmehl	in eine Rührschüssel sieben, mit
75 g Zucker 1 Päckchen Vanillin-Zucker 1 Messerspitze gemahlenem Zimt	mischen
100 g Butter oder Margarine	in Flöckchen dazugeben, alle Zutaten mit den Händen oder mit 2 Gabeln zu Streuseln vermengen die Teigplätzchen gleichmäßig damit bedecken

Gas: 5 Minuten vorheizen 3−4, backen 3−4
Strom: 200−225
Backzeit: 15−20 Minuten.

Gefüllte Mandelstangen

	Einen Knetteig bereiten aus:
200 g Weizenmehl 6 g (2 gestrichene Teel.) Backpulver Backin 100 g Zucker 1 Päckchen Vanillin-Zucker Salz 1 Eigelb ½ Eiweiß 100 g Butter oder Margarine	
	sollte der Teig kleben, ihn eine Zeitlang kalt stellen den Teig dünn ausrollen, in gut 1 cm breite und 6 cm lange Streifen rädern, mit
½ Eiweiß	bestreichen, mit
75 g abgezogenen, gehobelten Mandeln	bestreuen, auf ein mit
Butter oder Margarine	gefettetes Backblech legen

Gas: 5 Minuten vorheizen 3−4, backen 3−4
Strom: 175−200
Backzeit: Etwa 10 Minuten

die gebackenen Mandelstangen erkalten lassen, in zwei Hälften teilen

etwa 2 Eßl. Konfitüre	durch ein Sieb streichen, die Hälfte der Mandelstangen auf der Unterseite damit bestreichen, die übrigen darauf legen, gut andrücken
75 g Puderzucker 2 gehäufte Teel. Kakao	mischen, sieben, mit
etwa 1 Eßl. heißem Wasser	glattrühren, so daß eine dickflüssige Masse entsteht, die Mandelstangen mit den Enden hineintauchen.

Schokoladenbrezeln

250 g Butter oder Margarine
150 g gesiebtem Puderzucker
1 Päckchen Vanillin-Zucker
$\frac{1}{2}$ Fläschchen Rum-Aroma
1 Ei
175 g Weizenmehl
75 g Speisestärke,
z. B. Gustin
30 g Kakao

Einen Rührteig bereiten aus:

Butter oder Margarine

den Teig in einen Spritzbeutel mit glatter Lochtülle (Durchmesser etwa $\frac{1}{2}$ cm) füllen, in Form von Brezeln (etwa 6 cm groß) auf ein mit
gefettetes Backblech spritzen

Gas:	5 Minuten vorheizen 3–4, backen 3–4
Strom:	175–200
Backzeit:	Etwa 8 Minuten.

Gefüllte Hütchen

125 g Puderzucker
125 g abgezogene,
gemahlene Mandeln
3 Tropfen
Backöl Bittermandel
1 Eiweiß

Für die Füllung
sieben

die Zutaten unter ständigem Rühren so lange erwärmen, bis eine gleichmäßige Masse entstanden ist, erkalten lassen, knapp haselnußgroße Kugeln (etwa 130 Stück) daraus formen

einen Knetteig bereiten aus:

250 g Weizenmehl
3 g (1 gestrichener Teel.)
Backpulver Backin
75 g Zucker
1 Päckchen Vanillin-Zucker
1 Ei
125 g Butter oder Margarine

sollte der Teig kleben, ihn eine Zeitlang kalt stellen
den Teig dünn ausrollen, mit einer runden Form (Durchmesser etwa 4 cm) ausstechen, auf jedes Teigplätzchen eine Mandelkugel legen
den Teigrand jeweils leicht anheben, an drei Stellen so an die Kugel drücken, daß ein Dreispitz entsteht
die Hütchen auf ein Backblech legen

1 Eigelb
1 Eßl. Milch

mit
verquirlen, die Hütchen sorgfältig damit bestreichen

Gas:	5 Minuten vorheizen 3–4, backen 3–4
Strom:	175–200
Backzeit:	10–15 Minuten.

Kokoshäufchen

(Abb. S. 19)

50 g Butter oder Margarine 125 g Zucker 1 Päckchen Vanillin-Zucker 1 Ei ½ Fläschchen Rum-Aroma 3 Tropfen Backöl Bittermandel 125 g Weizenmehl 6 g (2 gestrichene Teel.) Backpulver Backin etwa 1 EßI. Milch	Einen Rührteig bereiten aus:
250 g Kokosraspeln	zuletzt unter den Teig rühren, mit 2 Teelöffeln kleine Teig-häufchen auf ein mit
Butter oder Margarine	gefettetes Backblech setzen

Gas:	5 Minuten vorheizen 3–4, backen 3–4
Strom:	175–200
Backzeit:	10–12 Minuten.

Kopenhagener

500 g Weizenmehl 1 Päckchen Dr. Oetker Hefe 50 g Zucker 1 Päckchen Vanillin-Zucker Salz	in eine Schüssel sieben, mit sorgfältig vermischen
100 g zerlassene Butter oder Margarine 2 Eier ⅛ l lauwarme Milch	hinzufügen, alles mit einem Handrührgerät mit Knethaken zuerst auf der niedrigsten, dann auf der höchsten Stufe in etwa 5 Minuten zu einem Teig verarbeiten den Teig an einem warmen Ort so lange stehenlassen, bis er etwa doppelt so hoch ist, ihn dann mit einem Handrühr-gerät auf der höchsten Stufe nochmals gut durchkneten, zu einem Rechteck von 40 x 60 cm ausrollen, mit
75 g weicher Butter	bestreichen
	für die Füllung
200 g Marzipan-Rohmasse 125 g Mandeln 75 g Zucker	in kleine Würfel schneiden abziehen, hacken
	die Zutaten mischen, gleichmäßig auf dem Teig verteilen (leicht andrücken), von der kürzeren Seite her fest aufrollen, mit einem scharfen Messer etwa 2 cm dicke Scheiben ab-

schneiden, diese zweimal der Länge nach bis auf 1 cm einschneiden, die so entstandenen „Streifen" nach links
oder nach rechts auseinanderziehen, die Teigstücke auf
ein mit

Butter oder Margarine gefettetes Backblech legen, an einem warmen Ort nochmals
so lange stehenlassen, bis sie etwa doppelt so hoch sind,
sie erst dann in den Backofen schieben

Gas: 5 Minuten vorheizen 4–5, backen 4–5
Strom: 200–225
Backzeit: 10–15 Minuten

4 EßI. Aprikosen-Konfitüre durch ein Sieb streichen, mit
3 EßI. Wasser aufkochen, sofort nach dem Backen die „Kopenhagener"
damit bestreichen.

Granatsplitter
(Abb. S. 19)

Einen Knetteig bereiten aus:

150 g Weizenmehl
3 g (1 gestrichener Teel.)
Backpulver Backin
50 g Zucker
1 Päckchen Vanillin-Zucker
1 Fläschchen
Rum-Aroma
2 EßI. Milch oder Wasser
50 g Butter oder Margarine

sollte der Teig kleben, ihn eine Zeitlang kalt stellen
den Teig dünn ausrollen, mit einer runden Form (Durchmesser etwa 4 cm) 45 Plätzchen ausstechen, den Teigrest zu
Plätzchen ausrädern, alle auf ein mit

Butter oder Margarine gefettetes Backblech legen
Gas: 5 Minuten vorheizen 3–4, backen 3–4
Strom: 175–200
Backzeit: Etwa 10 Minuten

für den Belag
125 g Kokosfett zerlassen, abkühlen lassen
65 g Puderzucker mit
25 g Kakao
1 Päckchen Vanillin-Zucker in eine Rührschüssel sieben
1 Fläschchen Rum-Aroma hinzufügen
1 Ei und nach und nach das Kokosfett unterrühren
die ausgeräderten Plätzchen in kleine Stücke brechen, mit

75 g abgezogenen,
gestiftelten Mandeln unter die Kakaomasse rühren
die Masse bergförmig auf die runden Plätzchen streichen
etwa 150 g Kuvertüre im Wasserbad oder auf der Automatikplatte zu einer geschmeidigen Masse verrühren
die Granatsplitter mit der Oberseite hineintauchen, kalt
stellen, damit Belag und Guß fest werden.

Nußtaler
(Abb. S. 42)

375 g Weizenmehl
125 g Speisestärke,
z. B. Gustin
6 g (2 gestrichene Teel.)
Backpulver Backin
250 g Zucker
1 Päckchen Vanillin-Zucker
3 Tropfen
Backöl Bittermandel
2 Eiern
250 g Butter oder Margarine
250 g in Viertel
geschnittenen Haselnußkernen

Einen Knetteig bereiten aus:

aus dem Teig gut 2½ cm dicke Rollen formen, kalt stellen, bis der Teig hart geworden ist
von den Rollen etwa ½ cm dicke Scheiben abschneiden, auf ein Backblech legen

Gas: 5 Minuten vorheizen 3–4, backen 3–4
Strom: 175–200
Backzeit: 10–15 Minuten.

Vanilleringe

250 g Weizenmehl
3 g (1 gestrichener Teel.)
Backpulver Backin
75 g Zucker
2 Päckchen
Vanillin-Zucker
½ Fläschchen
Rum-Aroma
1 Ei
125 g Butter oder Margarine

Einen Knetteig bereiten aus:

sollte der Teig kleben, ihn eine Zeitlang kalt stellen
den Teig dünn ausrollen, zunächst mit einer runden Form (Durchmesser etwa 5 cm) ausstechen, die Teigplätzchen mit einer kleineren Form dann so ausstechen, daß Ringe entstehen, auf ein mit

Butter oder Margarine

gefettetes Backblech legen

Gas: 5 Minuten vorheizen 3–4, backen 3–4
Strom: 175–200
Backzeit: 8–10 Minuten

die Hälfte der erkalteten Ringplätzchen auf der Unterseite dünn mit

Konfitüre

bestreichen, die anderen mit der Unterseite darauf legen, leicht andrücken

etwas Kuvertüre

im Wasserbad oder auf der Automatikplatte zu einer geschmeidigen Masse verrühren, die Ringe zur Hälfte hineintauchen

oder
Puderzucker

mit
bestäuben.

Eiserkuchen   Rezept Seite 33
Erfrischende Cremeschnitten   Rezept Seite 46

Kokos-Schokoladenscheiben

200 g Weizenmehl
10 g Kakao
1 Päckchen Dr. Oetker Gala-
Pudding-Pulver
für Schokoladen-Pudding
9 g (3 gestrichene Teel.)
Backpulver Backin
175 g Zucker
1 Päckchen Vanillin-Zucker
3 EßI. Milch oder Wasser
125 g Butter oder Margarine
65 g Kokosraspeln
25 g abgezogenen,
gehackten Mandeln

Einen Knetteig bereiten aus:

sollte der Teig kleben, ihn eine Zeitlang kalt stellen
aus dem Teig 3–4 etwa 3 cm dicke Rollen formen, kalt
stellen, bis der Teig hart geworden ist
von den Rollen knapp ½ cm dicke, gerade oder schräge
Scheiben abschneiden, auf ein mit

Butter oder Margarine   gefettetes Backblech legen

Gas: 5 Minuten vorheizen 3–4, backen 3–4
Strom: 175–200
Backzeit: Etwa 10 Minuten.

Ischeler Bäckerei
(Abb. S. 10)

250 g Weizenmehl
6 g (2 gestrichene Teel.)
Backpulver Backin
100 g Zucker
1 Päckchen Vanillin-Zucker
Salz
5 Tropfen
Backöl Zitrone
1 Fi
120 g Butter oder Margarine

Einen Knetteig bereiten aus:

sollte der Teig kleben, ihn eine Zeitlang kalt stellen
den Teig dünn ausrollen, mit einer runden Form (Durchmesser etwa 8 cm) ausstechen
die Hälfte der Teigplätzchen mit einer kleineren Form so
ausstechen, daß 3 „Augen" entstehen
die Teigplätzchen auf ein Backblech legen

Gas: 5 Minuten vorheizen 3–4, backen 3–4
Strom: 175–200
Backzeit: 8–10 Minuten

roter Marmelade
Puderzucker
die ungelochten Plätzchen auf der Unterseite mit
bestreichen, die anderen mit
bestäuben, auf die mit Marmelade bestrichenen Plätzchen
legen.

Aranca-Ananastorte   Rezept Seite 8

73

Kränzchen

200 g Weizenmehl
1½ g (½ gestrichener Teel.)
Backpulver Backin
100 g Farinzucker oder Zucker
1 Fläschchen
Backöl Zitrone
Salz
150 g Butter (evtl. Margarine)

Einen Knetteig bereiten aus:

sollte der Teig kleben, ihn eine Zeitlang kalt stellen
den Teig etwa 4 mm dick ausrollen, zunächst mit einer
runden Form (Durchmesser etwa 6 cm) ausstechen, die
Teigplätzchen mit einer kleineren Form dann so ausstechen, daß Kränzchen entstehen, diese auf ein mit

Butter oder Margarine
1 Eiweiß
grobem Zucker
abgezogenen,
gehobelten Mandeln

gefettetes Backblech legen
anschlagen, die Kränzchen damit bestreichen, mit

bestreuen

Gas: 5 Minuten vorheizen 3−4, backen 3−4
Strom: 175−200
Backzeit: Etwa 10 Minuten.

Nußhappen

250 g Weizenmehl
3 g (1 gestrichener Teel.)
Backpulver Backin
100 g Zucker
1 Päckchen Vanillin-Zucker
1 Eßl. Milch
150 g Butter oder Margarine

Einen Knetteig bereiten aus:

sollte der Teig kleben, ihn eine Zeitlang kalt stellen
aus dem Teig etwa 3 cm dicke Rollen formen, etwas flach
drücken, so daß vierkantige Stangen entstehen, kalt stellen,
bis der Teig hart geworden ist

etwa 250 g Haselnußkerne

auf einem Backblech im Backofen unter häufigem Wenden
rösten, bis die Häutchen abplatzen, auf einem Küchentuch
durch Reiben die Häutchen entfernen, von den Teigstangen
½ cm breite Scheiben abschneiden, jeweils mit 3 Nußkernen
belegen (leicht andrücken), auf ein mit

Butter oder Margarine

gefettetes Backblech legen

Gas: 5 Minuten vorheizen 3−4, backen 3−4
Strom: 175−200
Backzeit: 10−15 Minuten.

Veränderung: 250 g Kuvertüre im Wasserbad oder auf der
Automatikplatte zu einer geschmeidigen Masse verrühren,
die Plätzchen damit überziehen.

74

Knusperschnitten

Einen Knetteig bereiten aus:

250 g Weizenmehl
6 g (2 gestrichene Teel.)
Backpulver Backin
175 g Zucker
1 Päckchen Vanillin-Zucker
Salz
4 Tropfen
Backöl Bittermandel
2 gestrichenen Teel.
gemahlenem Zimt
2 Eiern
50 g abgezogenen,
gehackten Mandeln
50 g in kleine Würfel
geschnittenem Zitronat (Sukkade)

etwas Weizenmehl | sollte der Teig kleben, noch hinzufügen
den Teig in der Größe von 32 x 46 cm auf einem mit

Butter oder Margarine | gefetteten Backblech ausrollen
50 g Zucker
1 Päckchen Vanillin-Zucker
1 EBl. Milch | mit verrühren, den Teig damit bestreichen
30 g Zitronat (Sukkade) | in Würfel schneiden
50 g abgezogene,
gestiftelte Mandeln

die beiden Zutaten über den Teig verteilen

Gas: 5 Minuten vorheizen 3−4, backen 3−4
Strom: 175−200
Backzeit: 20−25 Minuten

sofort nach dem Backen das Gebäck in Schnitten von beliebiger Größe und Form schneiden, vom Backblech lösen (sollte das Gebäck zu schnell erkalten und sich nicht mehr gut schneiden lassen, es noch einmal kurze Zeit in den warmen Ofen schieben).

Kameruner

Einen Knetteig bereiten aus:

275 g Weizenmehl
25 g Kakao
3 g (1 gestrichener Teel.)
Backpulver Backin
125 g Zucker
2 Eiern
125 g Butter oder Margarine

sollte der Teig kleben, ihn eine Zeitlang kalt stellen
den Teig ¼ −½ cm dick ausrollen, Halbmonde ausstechen, auf ein mit

Butter oder Margarine | gefettetes Backblech legen

(Fortsetzung nächste Seite)

Gas:	5 Minuten vorheizen 3—4, backen 3—4
Strom:	175—200
Backzeit:	Etwa 8—10 Minuten

100 g Schokolade
20 g Kokosfett

im Wasserbad oder auf der Automatikplatte zu einer geschmeidigen Masse verrühren
das Gebäck mit dem Guß überziehen.

Mandelstangen

Einen Knetteig bereiten aus:

250 g Weizenmehl
3 g (1 gestrichener Teel.)
Backpulver Backin
100 g Zucker
1 Päckchen Vanillin-Zucker
3 Eßl. Milch
100 g Butter oder Margarine
100 g abgezogenen,
gemahlenen Mandeln

sollte der Teig kleben, ihn eine Zeitlang kalt stellen
den Teig dünn ausrollen, fingerbreite und -lange Streifen daraus rädern, auf ein Backblech legen

1 Eigelb
1 Teel. Milch
etwa 15 g abgezogenen,
gemahlenen Mandeln

verquirlen, die Teigstreifen damit bestreichen, mit

bestreuen

Gas:	5 Minuten vorheizen 3—4, backen 3—4
Strom:	175—200
Backzeit:	Etwa 15 Minuten.

Orangenmakronen
(Eiweißverwendung)

3 Eiweiß
200 g **feinkörnigem** Zucker
1 Päckchen Vanillin-Zucker

mit

in eine Schüssel geben, über kochendem Wasser mit einem Schneebesen so lange schlagen, bis eine steife Masse entstanden ist

abgeriebene Schale
1 Apfelsine (ungespritzt)
3 Eßl. Apfelsinensaft

hinzufügen, weiterschlagen, bis ein Messerschnitt sichtbar bleibt
die Schüssel aus dem Wasserdampf nehmen

200 g abgezogene,
gehobelte Mandeln
50 g Semmelmehl

vorsichtig unter den Eierschnee heben (nicht rühren!)
den Teig mit 2 Teelöffeln in kleinen Häufchen auf ein mit

Butter oder Margarine

gefettetes Backblech setzen

Gas:	knapp 1—2
Strom:	130—150
Backzeit:	Etwa 30 Minuten.

Sandhörnchen

250 g Weizenmehl
3 g (1 gestrichener Teel.)
Backpulver Backin
75 g Zucker
1 Päckchen Vanillin-Zucker
Salz
1 Fläschchen
Rum-Aroma
2 Eßl. Wasser
100 g Butter oder Margarine

Einen Knetteig bereiten aus:

etwas groben Zucker

sollte der Teig kleben, ihn eine Zeitlang kalt stellen
aus dem Teig daumendicke Rollen formen, 2 cm lange
Stücke davon abschneiden, diese zu gut 6 cm langen Rollen
formen, in
drücken, als Hörnchen auf ein Backblech legen

Gas: 5 Minuten vorheizen 3—4, backen 3—4
Strom: 175—200
Backzeit: Etwa 10 Minuten

25 g Schokolade
etwas Kokosfett

im Wasserbad oder auf der Automatikplatte zu einer geschmeidigen Masse verrühren, die Hörnchen an den Enden
mit dem Guß bestreichen.

Punschkränzchen

250 g Weizenmehl
3 g (1 gestrichener Teel.)
Backpulver Backin
125 g feinkörnigem Zucker
1 Ei
3 Tropfen Backöl Zitrone
1 Fläschchen Rum-Aroma
125 g Butter oder Margarine
125 g abgezogenen,
gemahlenen Mandeln
oder Haselnußkernen

Einen Knetteig bereiten aus:

sollte der Teig kleben, ihn eine Zeitlang kalt stellen
den Teig zu bleistiftdicken Röllchen formen, zu Kränzen
zusammenlegen, auf ein Backblech legen

Gas: 5 Minuten vorheizen 3—4, backen 3—4
Strom: 175—200
Backzeit: Etwa 10 Minuten

100 g Puderzucker
1 Fläschchen
Rum-Aroma
1—2 Eßl. heißem Wasser

sieben, mit

verrühren, so daß eine dünnflüssige Masse entsteht, die
erkalteten Kränzchen damit bestreichen.

Eierplätzchen

4 Eier	schaumig schlagen
150 g Zucker	
1 Päckchen Vanillin-Zucker	nach und nach unterschlagen, so lange weiterschlagen, bis eine cremeartige Masse entstanden ist, darüber
120 g Weizenmehl	sieben, vorsichtig unterziehen (nicht rühren!) den Teig mit 2 Teelöffeln in kleinen Häufchen (große Abstände) auf ein mit
Butter oder Margarine	gefettetes Backblech setzen, die Häufchen mit
Anis	bestreuen
Gas:	5 Minuten vorheizen 2½ –3½ , backen 2½ –3½
Strom:	175–200
Backzeit:	8–10 Minuten

sofort nach dem Backen die Plätzchen vom Backblech lösen.

Kleine Waffeln

	Einen Rührteig bereiten aus:
125 g Butter oder Margarine	
125 g Zucker	
½ Päckchen Vanillin-Zucker	
2 Eiern	
Salz	
250 g Weizenmehl	

den Teig nicht zu stark rühren, ihn dann eine Zeitlang kalt stellen

aus dem Teig daumendicke Rollen formen, knapp 2 cm lange Stücke davon abschneiden, zu Kugeln rollen, wieder kalt stellen

je 1 Kugel in die Mitte eines leicht gefetteten, gut erhitzten Eiserkucheneisens legen, von beiden Seiten goldbraun backen.

INHALTSVERZEICHNIS